JN094049

河合塾
SERIES

高等学校

情報I
重要キーワード736

日経パソコン［編］

河合出版

はじめに

「情報Ⅰ」という教科には、普段パソコンやスマートフォン、インターネットを使っているときには意識することがない、情報活用の知恵や注意点、あるいは技術的な背景に関する知識が詰まっています。日常の生活やビジネスの現場では、それらを知らなくても情報機器やサービスを利用できるかもしれません。しかし、正しい知識やスキルを持たずに情報機器やサービスを使っていると、思わぬトラブルに巻き込まれたり、誤った判断をしてしまったりすることが多々あります。問題や課題を前にしたとき、情報機器やサービスを適切に活用して解決するためには、「情報Ⅰ」で学ぶような情報活用に関する知恵や、情報機器／サービスに関する知識が不可欠です。

それは「プログラミングができる」といったことだけではありません。情報社会あるいはITの分野では、独特の言葉の使い方や専門用語が多数登場します。例えば「メディア」という言葉は、一般に「マスメディア」「マスコミ」を意味することが多いと思います。しかし、情報やITの分野では「記録媒体」という意味もあります。また、「圧縮」という言葉は誰でも知っていると思いますが、情報の分野では「データの圧縮」を意味する言葉として、「可逆圧縮」や「非可逆圧縮」といった用語とともに使われます。その意味がわからないと、データを適切に取り扱うことができません。逆に、用語の意味を学べば、データ圧縮の仕組みや注意点についても理解できることになります。そのような理由で、用語を知り、その意味を学ぶことは大切なことなのです。

大学入学共通テストの「情報Ⅰ」試作問題を見ると、用語の意味を直接的に聞いたり、当てはまる用語を聞いたりするような設問は一部のように思われます。しかし、計算や課題解決を図らせる設問につい

ても、出題文や解答の選択肢に登場する用語の意味がわからないと、答えに迷ったり、見当違いな計算をしてしまったりするでしょう。用語の意味やその背景を理解していることは、あらゆる設問に答えるための前提であり、基礎であるといえます。

「情報Ⅰ」と密接に関連しているのは大学入試だけではありません。独立行政法人情報処理推進機構（IPA）が実施する「ITパスポート試験」などの「情報処理技術者試験」は、社会で役立つIT系の資格試験として重要視されており、「情報Ⅰ」がそのベースとなっているといっても過言ではありません。「大学入試に必要だから」という理由だけでなく、この情報社会（IT社会）を生きるために必須となる知識として、「情報Ⅰ」はしっかりと学んでおく必要があります。高校の教科として必修になった理由もそこにあるわけです。

本書は、現在発行されている教科書の内容・情報量の違いをすべて把握し、教科書の記述・注釈などを参考にしたうえで、「日経パソコン」編集部の関連資料と照らし合わせながら丹念に用語の解説文を作成してあります。

学習者の皆さんには本書を通じて、新たに入試科目となった「情報Ⅰ」の内容を身近に感じながら学んでいただけると幸いです。

最後に本書編集にあたりご協力くださった早稲田摂陵高等学校　米田謙三先生に御礼申し上げます。

日経パソコン編集部

本書の特長と利用法

1. 教科書との関係

　現在発行されている教科書はレベル（情報量）の濃さにそれぞれ違いがあります。特にプログラミングやデータベース活用の部分の取り扱いには濃淡が見られます。プログラミング言語の意味まで詳細に解説しているものもあれば、軽く触れる程度のものや、Scratch を使ってプログラミング的思考の練習のみ行っているものもあります。

　大学入試では特定の言語に依存した出題はされないと考えられるため、むしろプログラミングの流れ（分岐、ループ、変数の使い方など）をしっかり理解していることが重要です。それを身に付けるには、用語の理解だけでは難しいため練習が必要ですが、ベースとしてプログラミングにおける基礎用語を理解していないと手の付けようがありません。

　用語については「関係データベース」と記載されているか、「リレーショナルデータベース」と記載されているか、などの違いはありますが、どちらの記載からも読めるように、なるべく併記した形で用語を選定したり、解説文の中で説明したりしました。

2. 語句選定の方法

　令和4年度の「情報Ⅰ」の教科書6社13点分をすべて参照し、その「索引」および「巻末の用語集」に掲載されている用語を網羅的に調査しました。そのうえで、各用語が何点の教科書に掲載されているかを集計し、「日経パソコン」編集部独自の判断を加えつつ用語を選定しました。目安としては、3点以上の教科書に掲載されている用語はほぼ網羅しています。ただし、一部の用語については重要度に応じて追加・割愛を判断しました。

本書では次の原則にしたがって重要度を★の数で示しています。

●原則：13点の教科書のうち索引掲載数で以下のように分類。

11点以上　★★★★★　　　9点以上　★★★★

7点以上　★★★　　　　　4点以上　★★　　　　3点　★

※2点以下の用語は原則、未収録です。また掲載数にかかわらず、「日経パソコン」編集部の判断で収録／未収録を決めた用語があります。

※★4つ以上の、より重要な用語は赤文字にしてあります。

3．用語の解説文

　原則として各教科書の説明に準拠しつつ、偏りのないような解説を心掛けました。必要に応じ、「日経パソコン」編集部の知見に基づいて、IT業界で通用している実務的な解説を追加しました。各用語の解説は、100〜500文字前後に収めるように簡潔にまとめ、ポイントをひと言で理解できるように配慮しています。さらに図や表でまとめたほうが理解しやすいものは、解説用の図表を作成しました。

4．用語の分類・章立て

　教科書によって章立てやテーマの掲載順が異なるため、本書では文部科学省公開の「高等学校情報科『情報Ⅰ』教員研修用教材」における学習内容の分類・章立てに準拠して、「第1章　情報社会の問題解決」「第2章　コミュニケーションと情報デザイン」「第3章　コンピュータとプログラミング」「第4章　情報通信ネットワークとデータの活用」という4章立てを採用しました。さらに、同教材における学習テーマの分類「学習1〜学習24」を参考に各章の内容を分類し、27のセクションに分けました。

6

もくじ

第1章

情報社会の
問題解決

1. 情報メディアの特性

情報 ★★★★
　人が何らかの判断をしたり行動を
したりする際に、その判断や意思
決定のよりどころとなる知らせ。
情報は、受け取る側にとって何ら
かの意味や価値を持つものであり、
人は情報を基に問題を発見したり、
それを解決する策を検討したりす
る。情報は他人に伝えることがで
き、情報のやり取りを媒介するも
のを**メディア（媒体）**と呼ぶ。

知識 ★★
　情報を整理・分析し、問題解決に
役立つように体系化され、蓄積さ
れたもの。知識は自分や他人に
よって再利用される。

データ ★★★★
　事物や事象の内容や様態を文字や
数字などで記号化したもの。一般
には、実験や計測、調査などを通
じて得られるものをいい、例えば
気温や降水量の値、アンケート結
果などがある。データを解釈して
意味や価値を持たせたものが**情報**
になる。コンピュータが処理の対
象とする**デジタルデータ**を指す場
合も多い。

情報源 ★
　情報の入手元や提供者、発信者。
友人や先生など直接話を聞ける相
手をはじめ、テレビや新聞、雑誌、
インターネットなど、さまざまな
情報源がある。情報ソースともい
う。ソース（source）は「源」の
意味。

一次情報 ★★★
　自分が見聞きしたり、調べたりす
ることで得られる情報。自分が直
接的に得る情報であるため、信頼
度が高い。政府や企業が公式に発
表する情報や学術論文など、信頼
度の高いオリジナルの情報も一次
情報と見なすことができる。

二次情報 ★★★
　一次情報を得た他人から伝えられ
る情報。その人による評価や判断、
編集が加えられていることから、
一次情報に比べると情報に変化が
生じている可能性がある。人から
聞いた話や、新聞やテレビなどの
メディアを通じて得られる情報は
二次情報となる。

信憑性（しんぴょうせい） ★★★
　情報を信頼できる度合い、信頼度。
インターネットや SNS では誰で
も自由に、匿名でも情報を発信で
きるため、その情報を活用する際
は情報源を確認したり、複数のメ
ディアから情報を集めたりするな
どして、情報の信憑性を確認する
ことが重要になる。情報の信憑性
を判断できる能力は、**メディアリ
テラシー**の 1 つとして身に付けて
おく必要がある。

クロスチェック ★★
　情報の信憑性を確認するために、
複数の情報を照らし合わせて、正
しさを検証すること。例えば、個
人が発信しているニュースの内容
について、ニュースサイトや新聞

などの情報と比較することで、信頼度を確認できる。

メディア　★★★★★
情報のやり取りを媒介するもの。メディア（media）という言葉はラテン語の「medium（メディウム）」に由来し、「間にあるもの、媒体、媒介物」を意味する。情報を媒介するメディアは、**表現メディア・伝達メディア・記録メディア**の3種類に分けられる。

●メディアの例

表現メディア	文字、図、音声、画像、動画など
伝達メディア	電話、郵便、看板、テレビ、新聞、雑誌、インターネットなど
記録メディア	手帳、ノート、CD、DVD、USBメモリ、ハードディスクなど

表現メディア　★★
情報を表現するために用いられる文字や図、音声、静止画、動画などの表現手段。物の形状や様子を伝えるには図や静止画、動画など視覚的な表現が分かりやすく、論理的あるいは概念的な説明をする場合は文字や言葉のほうが伝えやすい。情報を的確にやり取りするには、内容に応じて適切な表現メディアを利用する必要がある。

伝達メディア　★★
情報を伝達するために用いられる電話、郵便、テレビ、インターネットなどの伝達手段。相手がどこにいるのか、不特定多数の相手なのか、即時性を重視するのか、双方向にやり取りする必要があるのかなど、状況に応じて適切な伝達メディアを使い分ける必要がある。

記録メディア　★
情報を記録して保管するための媒体。紙もその1つだが、デジタル社会においてはCDやDVD、ブルーレイディスク、USBメモリ、メモリカード、ハードディスク（HDD）、SSDなどの電子媒体が多く利用されている。長期保管用なのか、持ち運ぶものなのか、人に渡すものなのかなど、目的や情報の量に応じて、適切な記録メディアを用いる必要がある。

マスメディア　★★★★
テレビ、ラジオ、新聞、雑誌など、不特定多数の人々に向けて情報を発信するメディアのこと。「マス（mass）」は「大衆、集団」の意味。不特定多数の人々に対する情報の伝達を「マスコミュニケーション」と呼ぶことから、マスメディアを「マスコミ」と呼ぶ場合も多い。マスメディアは基本的に、発信者から多数の受信者に対して一方向の情報伝達を行う。これに対し、電話や手紙、電子メール、SNSなどは双方向の情報伝達が可能である。

メディアリテラシー　★★★★★
メディアを適切かつ効果的に活用できる能力の総称。メディアから

得られる情報を読み解き、解釈や取捨選択を適切に行える能力をはじめ、メディアに主体的にアクセスして情報を収集・活用し、発信やコミュニケーションができる能力も含まれる。誰もが手軽に情報を発信できるインターネットではとりわけ、発信する側の知識や価値観などによって情報が誤っていたり偏っていたりする場合がある。そのため、さまざまな情報源から情報を収集し、情報の真偽や**信憑性**（しんぴょうせい）、価値などを吟味できることが重要になる。

伝播性（でんぱせい）　★★

情報の特性の1つ。「もの」は移動・運搬するために手間と時間がかかるが、情報は短時間で容易に伝わり、広がる。

複製性　★★

情報の特性の1つ。「もの」は複製するために手間と時間と費用がかかるが、デジタルの情報は簡単に複製（コピー）が可能。再利用に便利な半面、著作権の問題なども起きやすい。

残存性　★★

情報の特性の1つ。「もの」は他人に渡すと自分の手元から消えるが、情報は他人に伝えても消えずに残り続ける。

忘れられる権利　★★

インターネット上で公開されている個人情報について、その削除を求められる権利。自分の過去に関する情報がインターネット上に残り続けていることで苦痛や不利益を被る場合に、掲載者に削除を求められるとする。欧州連合（EU）では「一般データ保護規則」により権利として認められているが、日本では明文化されておらず、知る権利や表現の自由などとの兼ね合いで議論が進められている。

2. 情報セキュリティ

情報セキュリティ　★★★★

情報の盗難、流出、紛失、消失などを防ぎ、安全で保護された状態を保つように適切に管理すること。一般に、**機密性・完全性・可用性**の3つを確保することが重要とされる。これに関し企業などが策定する基本方針や行動指針を、**情報セキュリティポリシー**という。

セキュリティ　★★

→**情報セキュリティ**

サイバー犯罪　★★★

インターネットに代表されるような、コンピュータネットワーク上に構築された仮想的な空間を「サイバー空間」と呼ぶが、このサイバー空間で起こされる犯罪をサイバー犯罪という。他人が管理するコンピュータにネットワーク経由で不正に入り込む**「不正アクセス禁止法違反」**、コンピュータウイルスなどを利用した「コンピュータ・電磁的記録対象犯罪」、イン

ターネットオークションによる詐欺、出会い系サイトなどを通じた児童買春、不正コピーなどの著作権法違反などを含む「ネットワーク利用犯罪」の3つに分類される。

サイバーテロ　★★★

サイバー空間におけるテロ行為。ネットワークへの不正アクセス、コンピュータウイルスによるデータやシステムの破壊、改ざんなどを通じて、国家や社会に大きな被害をもたらすような攻撃を行う。情報システムが社会の基盤となり、日常生活に不可欠な存在となった現代、サイバーテロは国家や社会に大きなダメージをもたらす恐れがある。

クラッカー　★

クラッキングを行う悪者。「ハッカー」と呼ばれることもあるが、本来ハッカーはコンピュータに関する専門的な技術を持つ人を広く指す言葉で、そのうち悪事を働く人をクラッカーと呼ぶ。

クラッキング　★

コンピュータに関する専門的な技術を駆使して、悪意を持ってコンピュータに侵入してデータを盗んだり、改ざんや破壊をしたりする行為。「ハッキング」とも呼ばれる。

ID アイ ディー　★

→ユーザ ID

ユーザ ID　★★★★

コンピュータやネットワーク上のシステムで、ユーザ（利用者）を識別するための名前。ユーザごとに異なる。ユーザの実際の名前で

ある必要はなく、任意の文字列やメールアドレスを利用することもある。単に ID、あるいは**アカウント名**ともいう。

パスワード　★★★★★

コンピュータやネットワーク上のシステムで、ユーザ（利用者）が本人であることを確認するために用いられる任意の文字列。ユーザ ID とパスワードの組み合わせが正しければ、本人であると認証するシステムが多い。裏を返せば、ユーザ ID とパスワードを知り得れば、他人が本人になりすましてシステムにアクセスすることも可能になる。そのため、パスワードは他人に知られないように管理しなければならない。

認証　★★★

コンピュータやネットワーク上のシステムを利用する際、ユーザ（利用者）が本人であることを確認すること。ユーザ ID とパスワードを入力させる方法が、認証の仕組みとしてよく用いられる。ユーザが認証され、システムにアクセスすることを「ログイン」や「サインイン」といい、アクセスを遮断することを「ログアウト」「ログオフ」「サインアウト」という。

生体認証　★★

認証方法の1つで、1人ひとりに固有の身体的特徴を使って本人かどうかを確認する。指紋や声紋、虹彩、顔、血管（静脈）パターンなどを使う方法が実用化されていて、「バイオメトリクス認証」ともいう。手のひらや指の血管パターンで預金者本人かどうかを確

認する現金自動預け払い機（ATM）などがある。パソコンやスマートフォンの中には、指紋認証や顔認証でサインインできるものがある。

エスクローサービス　★

インターネット上のオークションや個人売買サービスなどで、購入者が支払う代金をサービス運営者がいったん預かり、購入者への商品到着を確認してから出品者に代金を支払う仕組み。商品が届かない、代金が支払われない、といったトラブルを防ぐために導入されていることが多い。

不正アクセス　★★★

ネットワークを通じて他人のコンピュータに侵入し、データを盗んだり、改ざんや破壊をしたりする行為。プログラムの脆弱性（ぜいじゃくせい）を突いて侵入したり、盗んだユーザIDとパスワードにより他人になりすましてログインしたりするケースが多い。

不正アクセス禁止法　★★★★

電気通信に関する秩序の維持を図り、高度情報通信社会の健全な発展に寄与することを目的に制定された法律。2000年2月に施行された。ネットワークに接続し、パスワードなどでアクセス制限がかけられているコンピュータに無断でアクセスして利用する行為、他人のパスワードを第三者に提供する行為、プログラムの不備（セキュリティホール）を攻撃する行為などを禁じている。正式名称は「不正アクセス行為の禁止等に関する法律」。

ソーシャルエンジニアリング　★★★★

コンピュータシステムに対する攻撃手法の1つ。ソーシャルエンジニアリングは社会工学を意味しており、セキュリティの分野では、人間を介した不正な情報収集の手口を指す。ユーザ（利用者）をだまして情報を盗んだり、ウイルス（悪質なプログラム）を実行させたりする攻撃がある。例えば、標的とした企業の社員に対して、上司をかたって電話をかけて情報を聞き出すことも、ソーシャルエンジニアリング攻撃の一例である。そのほか、同僚や取引先をかたった偽のメールにウイルスを添付して感染させるなど、さまざまな手法がある。

キーロガー　★★

キーボードからの入力を監視して記録するソフトウェア。コンピュータに仕掛けられると、ユーザ（利用者）が気付かないところで入力内容を読み取られてしまう。ユーザIDやパスワードを盗む目的で悪用されることが多い。

情報セキュリティポリシー　★★★★

企業や組織が策定する、情報セキュリティに関する基本方針や行動指針のこと。一般に、情報の**機密性・完全性・可用性**の3つを確保することが重要とされる。個人情報を含むさまざまな情報資産をどのように取り扱い、漏洩（ろうえい）や盗難などの脅威からどのようにして守るのか、管理体制や運用のルール、対策の基準などを具体的に定める。情報セキュリティポリシーを策定することで、社員や職員の

セキュリティ意識を向上させるとともに、ほかの企業や組織、顧客

などからの信頼性を高めることもできる。

●情報セキュリティの3要素

機密性	許可された人だけが情報にアクセスできる状態にする
完全性	情報が改ざんされたり、消されたりしない状態にする
可用性	必要なときにいつでも情報にアクセスできる状態にする

機密性　★★★★
情報へのアクセスを許された人だけが、その情報にアクセスできる状態にすること。機密性を確保することで、情報の漏洩や盗難を防ぐ。コンピュータ上では、情報を保管したフォルダやファイルにアクセスできる権限(アクセス権)を特定の人にだけ付与することで、情報の機密性を保つ場合が多い。

完全性　★★★★
情報が改ざんされたり破壊されたり消されたりしていない状態を保つこと。情報が意図せずに書き換えられたり、消去されたりせずに、完全な状態のままであることが求められる。

可用性　★★★★
情報が必要なときに、いつでも利用できる状態を保つこと。例えばシステムの故障や停電など想定外の事態が発生したときでも、中断することなく情報にアクセスできるようにする。そのためには、データのバックアップや予備のシステムを用意するなどの対策が必要となる。

アクセス制御　★★
コンピュータやネットワークにア

クセスできるユーザ(利用者)やプログラムを制限し、許可されたユーザやプログラムだけがアクセスできる状態にすること。アクセスのために必要な権限を**アクセス権**と呼ぶ。

バックアップ　★★★
データの破損や紛失に備えて、重要なデータを複製(コピー)して別の場所に保存しておくこと。予備のハードディスクやSSD、あるいは磁気テープ記憶装置に保存したり、ネットワーク上のストレージ(クラウドストレージ)に保存したりする。専用のプログラムを用いて定期的にバックアップする場合や、同期機能によりリアルタイムでバックアップする場合がある。バックアップの方法としては、元のデータ全体を保存する「フルバックアップ」と、変更されたデータのみを保存する「差分バックアップ」などがある。

情報漏洩　★★
情報が外部に漏れ出すこと。企業機密や個人情報などが外部に流出すると、損害を被ったり、悪用されたりする恐れがある。不正アクセスやコンピュータウイルスによって情報が盗み取られることも

あるため、情報セキュリティ対策が重要となる。漏洩した情報がインターネット上に掲載されると、不特定多数に広く拡散され、情報を消し去ることは困難になる。

コンピュータウイルス　★★★★★

利用者が意図しない動作をして、コンピュータやシステムに被害を及ぼす不正なプログラムのこと。ファイルを破壊する、情報を盗むなどの悪事を働くことが多い。単に**ウイルス**ともいい、ウイルスがコンピュータに入り込み、被害をもたらすことを「感染する」という。一般には、不正なプログラム全般を指す**マルウェア**と同義で用いられることが多く、これを「広義のウイルス」と呼ぶ。一方、「狭義のウイルス」は、ファイルや他のプログラムの一部として組み込まれ、そのファイルやプログラムが実行されたときに付随的に動作するものをいい、**ワームやトロイの木馬**などのマルウェアと区別する。狭義のウイルスとしては、Word や Excel のファイルに感染する「マクロウイルス」などが代表例。

ウイルス　★★

→コンピュータウイルス

マルウェア　★★★★

不正かつ有害に動作するように作られた悪質なプログラムの総称。狭義のウイルス、**スパイウェア**、**ワーム**、**トロイの木馬**などが含まれる。マルウェアは「malicious software」の略で「悪意のあるソフトウェア」の意味。電子メールや Web サイト、USB メモリなどを通じてコンピュータに侵入したり、ネットワーク経由でほかのパソコンに増殖したりして被害を拡大する。

スパイウェア　★★

利用者が意図しない悪質な動作をする不正プログラム（マルウェア）の一種。社会に潜んで情報を盗むスパイのように、利用者に気付かれないようにコンピュータ内に潜み、ユーザ（利用者）の情報を収集して外部に自動送信する。ユーザに気付かれないようにキーボードの入力をすべて記録して送信する**キーロガー**もその一例。

トロイの木馬　★★

有用なプログラムのように見せかけてコンピュータに侵入する不正なプログラム（マルウェア）。名称は、ギリシア神話のトロイア戦争に登場するトロイ（トロイア）の木馬に由来する。巨大な木馬の中に兵士を潜ませて城内に入れさせたのと同様、安全なプログラムだと思わせてコンピュータに導入させる。その後、利用者が気付かないところで**キーロガー**として働くものや、他の不正なプログラムを勝手にダウンロードし始めるもの、外部から遠隔操作できるようにしてしまうものなどがある。

ランサムウェア　★

コンピュータやファイルなどを使用不能にして、元に戻したければ金銭を支払うようにと脅迫する不正なプログラム（マルウェア）。パソコンに保存されたファイルを勝手に暗号化して使用できないようにするタイプが多い。ランサム

（ransom）は「身代金」という意味。ファイルを人質に取って金銭を要求することから、「身代金要求型ウイルス」とも呼ばれる。なお、脅迫に従って身代金を支払っても、元に戻してもらえる保証はない。

ワーム　★★

ネットワークを介して自己を複製（コピー）し、感染を広げる機能を備えた不正なプログラム（マルウェア）。コンピュータに侵入し、ファイルを破壊するなどのトラブルを引き起こす。**ウイルス**が特定のファイルやプログラムの一部として組み込まれているのに対し、ワームは単独のプログラムとして動作するのが特徴。自らを複製して電子メールで大量送信する場合もある。ワーム（worm）は「虫」の意味。虫のようにネットワーク上をはいまわり、自己増殖することから、この名前が付いている。

スパムメール　★★

いわゆる「迷惑メール」のこと。受信側の承諾を得ずに、広告や勧誘といった営利目的で大量に配信する電子メールのこと。「ジャンクメール」ともいう。そもそもスパムとは、米ホーメルフーズ社が販売する肉缶詰の製品名「SPAM」のこと。英国の人気テレビ番組での、迷惑なくらいに SPAM を提供しようとする食堂を舞台にしたコメディにちなんで、迷惑メールをスパムと呼ぶようになった。なお、ホーメルフーズ社の製品と区別するため、迷惑メールは、「spam」とすべて小文字で表記するのが一般的。

DoS ディーオーエス 攻撃　★★

インターネット経由での攻撃手法の1つ。大量の**パケット**を送り付けて過剰な負荷を与えるなどして、特定のコンピュータを利用不可能な状態に追い込む。DoS は「Denial of Service（サービス拒否）」の略。この攻撃を複数のコンピュータで一斉に行うことを「DDoS（Distributed Denial of Service）攻撃」という。

なりすまし　★★

他の利用者のふりをしてインターネット上の各種サービスを利用し、不正な行為をすること。例えば、ある人のふりをして電子メールを送信したり、掲示板や SNS に投稿したりする。同じ名前、あるいは似た名前のアカウントを作成してその人のふりをするケースのほか、何らかの手段で入手した他人のユーザ ID とパスワードを利用して不正にログインし、アカウントを乗っ取ったうえでその人になりすます場合もある。

架空請求　★★★

本来は支払う必要のない相手に対して、「未納料金を請求します」などと金銭を要求する詐欺。電話やはがきのほか、最近では電子メールや SNS、Web サイトの画面で支払いを要求する手口が増えている。ボタンやリンクをクリックしただけで有料会員に登録したとして料金を請求する**ワンクリック詐欺**もその1つ。

ワンクリック詐欺　★★★

インターネットを悪用するオンライン詐欺の一種。Web ページに置かれた画像やアイコン、リンク

などをクリックしただけで、「有料会員への登録が完了しました。会員料金は10万円です」などと、払う必要のない料金を請求する。画面にIPアドレスなどを表示して、あたかも個人情報を特定しているかのように見せて脅すこともあ

るが、Webサイトにアクセスしただけで個人情報が漏れることはない。基本的には、無視するのが一番だ。電話番号や電子メールアドレスなどの連絡先が書かれていることもあるが、決してこちらから連絡してはいけない。

●フィッシングの手口

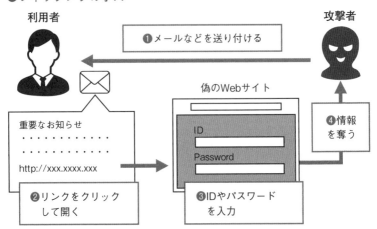

フィッシング　★★★★

　実在する企業や組織の名前をかたり、本物そっくりの偽のメールや偽のWebサイトを使って利用者をだまして、個人情報を奪い取る詐欺の手口。例えば、実在するクレジットカード会社を装って「すぐに本人確認をしないとカードが失効する」といったメールを送信し、そこに記載したリンクから本物そっくりに作り込まれた偽のWebサイトに誘導。ユーザIDやパスワード、クレジットカード番号などの重要な情報を入力させて盗み取る。メールを餌に被害者を

釣り上げることから、魚釣りの「fishing」にちなんで「phishing」と名付けられたといわれる。スマートフォンが普及してからは、電話番号を用いたショートメッセージサービス（SMS）に対して偽のメッセージを送りつけ、そこに記載したリンクから偽のサイトに誘導する手口も増えている。これを「スミッシング」と呼ぶ。フィッシングに用いられる偽のメールやWebサイトは、差出人のメールアドレスやサイトのURLが本物とは異なるのが一般的。特に**ドメイン名**を確認するとよい。

3. 情報に関する法規と情報モラル

情報モラル　★★★

　情報機器やインターネットなどの通信サービスが普及した情報社会における、適切な社会活動を行うための考え方や態度、倫理。例えば、デジタルの情報は複製（コピー）や送信が簡単にできてしまうが、その行為が著作権の侵害に当たらないかを慎重に考える必要がある。また、個人情報をむやみに公開しない、他人のプライバシーを守るなど、不適切な情報発信を行わないように留意しなければならない。

個人情報　★★★★★

　生存する個人に関する情報で、個人を特定・識別し得る情報のこと。氏名、住所、生年月日、性別の4つを基本四情報と呼ぶが、氏名だけでも個人情報に該当する。そのほか、氏名と会社名が含まれるメールアドレス、本人を判別できる顔写真、誰の声かを識別できる録音なども該当し、個人のプライバシーに関わる情報すべてが含まれる。コンピュータやインターネットの普及により、大量の個人情報を容易に取り扱えるようになったことから、個人情報の適正な取り扱いが求められるようになり、2005年4月に個人情報保護法（個人情報の保護に関する法律）が施行された。

個人情報の保護に関する法律　★★
→個人情報保護法

個人情報保護法　★★★

　個人情報が適正に取り扱われることを目的とする法律。コンピュータとインターネットの利用が浸透し、氏名や生年月日など個人情報が大量に取り扱われるようになったことを受け、2005年4月に施行された。　法規制の対象となる個人情報の取り扱い事業者を定義し、国や地方自治体、事業者が順守すべき義務などを定める。これによって事業者は、個人情報を利用または取得する際に利用目的を特定し、その範囲を超えて取り扱ってはならないとされた。また、個人情報をあらかじめ本人の同意を得ずに第三者に提供することは原則として禁止された。

基本四情報　★★

　個人情報のうち、最も基本となる氏名、住所、生年月日、性別の4つ。

要配慮個人情報　★★

　個人情報保護法において、特に注意するように定められた個人情報。人種、信条、社会的身分、病歴、犯罪の経歴、犯罪被害の事実などが該当する。本人に対する不当な差別、偏見、不利益を生じさせることがないように、特別な配慮をもって取り扱う必要がある。

個人識別符号　★★

　個人情報のうち、個人の身体的特徴をコンピュータで扱えるように符号化したデータや、個人に割り当てた番号、記号など。例えば、

DNAの塩基配列、指紋や顔の特徴を抽出したデータ、パスポートや運転免許証の番号、マイナンバーなどが挙げられる。

匿名加工情報　★★

各種のサービスや情報システムなどが収集した個人情報を、特定の個人を識別できないように加工し、かつ個人情報を復元できないようにしたもの。匿名加工情報にすれば本人の同意なく目的外の利用や第三者への提供が可能になる。事業者間でのデータ提供やデータ連携など、データ利活用を促進する目的で、個人情報保護法の改正により定義された。

オプトアウト　★★

企業などが広告宣伝を目的にした電子メールなどを送る場合に、受け取りを拒否した相手に対してのみ、送信を停止する方式。オプトイン方式が「受け取りたい」という意思を確認してから送信するのに対し、オプトアウト方式は送信することが前提にあり、「受け取りたくない」という意思を表示した相手にのみ送信を止める。

オプトイン　★

企業などが広告宣伝を目的にした電子メールなどを送る際に、事前に許可を得た相手に対してのみ送信する方式。特定電子メール法(特定電子メールの送信の適正化等に関する法律)では、広告宣伝を目的とした電子メールの送信には、事前の承諾が必要と定めている。例えば、インターネット上の会員登録画面に「メールマガジンを受信する」といった選択肢を用意し

て、事前に承諾を得るケースが多い。また個人情報保護法では、企業などが収集した個人情報を第三者に提供する場合にも、オプトイン方式で本人の同意を得る必要があるとしている。

プライバシー　★★

人に知られたくない個人的な情報、私生活に関する情報など。

プライバシー権　★★★

プライバシーを守り、それをみだりに公開されない権利。誰もがこの権利を有する。本人の許可なくその人の私生活に関する情報をインターネット上で公開するなどの行為は、プライバシー権の侵害になる恐れがある。

肖像権　★★★★★

自分の姿や顔などの肖像を、勝手に撮影したり公開したりすることがないように求める権利。法律上は明確な規定はないものの、判例で認められている。他人の写真を撮影して勝手にインターネット上で公開すると、肖像権の侵害になる可能性があるので注意しなければならない。

パブリシティ権　★★★★

芸能人やスポーツ選手などの有名人が、その名前や肖像を独占的に利用したり、他人による使用を制限・管理したりできる権利。有名人の名前や肖像は、それ自体が経済的に価値を持つため、勝手に商品化したり宣伝に使ったりすることはパブリシティ権の侵害となる。肖像権は誰にでも認められるが、パブリシティ権は特に有名人に認

められる権利といえる。

ジオタグ　★★

写真画像に付加される位置情報。GPS機能を内蔵したデジタルカメラやスマートフォンは、経緯度や高度などの位置情報をジオタグとして写真に記録できる。ジオタグの付いた写真を安易にインターネットやSNSで公開すると、場所を特定され、個人情報の漏洩につながる恐れもある。

知的財産権　★★★★★

人間の知的な創作活動の結果として生まれた発明や表現（知的財産）を一定の期間、保護するための財産権。**知的所有権**ともいう。知的財産を他人が無断で使用したり、それにより利益を得たりすることができないように創作者の権利を守る。知的財産権には主に**著作権**と**産業財産権**がある。著作権は創作した時点で自動的に発生する（無方式主義）のに対し、産業財産権は特許庁に出願し登録されて初めて認められる（方式主義）。保護される期間は保護の対象により異なる。

産業財産権　★★★★★

産業に関わる新しい技術やデザイン、名前やロゴマークなどについて、独占的に利用できる権利。他人が無断で使用したり、模倣したりすることを制限できる。具体的には**特許権、実用新案権、意匠権、商標権**の4つから成り、特許庁に出願し、登録されることで初めて権利が発生する（方式主義）。

●産業財産権

権利	対象	保護期間	法律
特許権	自然法則を利用した、新規かつ高度な発明	出願から20年	特許法
実用新案権	物品の形状、構造、組み合わせの考案	出願から10年	実用新案法
意匠権	物品の形状、模様、色彩などのデザイン	出願から25年	意匠法
商標権	商品・サービスを区別するためのマーク	登録から10年（更新可能）	商標法

特許権　★★★★

自然法則を利用し、産業に活用できるような高度で新しい発明を保護する。例えば、携帯電話の通信方式に関する発明、通信の高速化技術に関する発明など。「特許法」により保護される。保護期間は出願から20年。これを過ぎれば、誰でもその発明を利用可能になる。

実用新案権　★★★★

物品の形状、構造、組み合わせなどに関する考案（アイデア）を保護する。例えば、ベルトに取り付け可能なスマートフォンカバーの形状に関するアイデアなどが該当し、特許の対象になるような発明ほど高度なものでなくて良い。「実用新案法」により保護される。保

護期間は出願から 10 年。

意匠権　★★★★
物品や独創的な形状、模様、色彩などのデザイン（意匠）を保護する。例えば、美しく握りやすい曲線美を備えたスマートフォンのデザインなど。「意匠法」により保護される。2020 年 4 月に施行された改正意匠法で、保護期間が出願から 25 年とされた。

商標権　★★★★
商品やサービスを他と区別するために使用するマーク（商標）を保護する。例えば、商品名や会社名、そのロゴマークなどが該当する。「商標法」により保護される。保護期間は登録から 10 年（更新することで維持可能）。

著作権　★★★★★
知的財産権のうち、学術、文芸、美術、音楽に関わる思想や感情を創造的に表現したもの（著作物）を保護する権利。アイデアではなく、具体的な形で表現されたものを保護するという点で、特許権などの産業財産権と異なる。著作者が持つ著作権としては、著作者の社会的評価を守るための**著作者人格権**と、経済的な利益を守るための著作権（財産権）がある。著作権は、著作物を創作した時点で自動的に発生し（無方式主義）、著作者の死後 70 年間は保護される（保護期間は異なる国もある）。そのほか、歌手や演奏家、レコード製作者、放送事業者など著作物を伝達する者に認められる**著作隣接権**がある。

●著作権

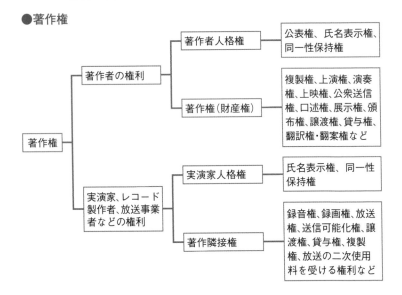

著作権法　★★★

　著作物などに関する著作者などの権利を保護するための法律。

著作物　★★★★

　著作権法では、著作物は「思想又は感情を創作的に表現したものであって、文芸、学術、美術又は音楽の範囲に属するもの」と定義されている。具体的には、書物、言語、音楽、絵画、建築、図形、映画、コンピュータプログラムなど、さまざまな創作物が該当する。なお、言語や視覚的イメージなどを通じて「表現したもの」である必要があり、頭の中にあるアイデアや思想、感情そのものは著作物といえず、著作権法の保護対象とはならない。

著作者人格権　★★★★

　著作権のうち、著作者の社会的な評価、名誉などの人格的な利益を守るための権利。著作物を公表するかどうかを決める権利（公表権）、氏名をどのように表示させるかを決める権利（氏名表示権）、無断で内容を改変されない権利（同一性保持権）などから成る。

著作権（財産権）　★★★

　著作権のうち、著作者の財産的な利益を守るための権利。著作物を複製する権利（複製権）、公の場で上演・上映する権利（上演権、演奏権、上映権）、公衆に対して広く送信する権利（公衆送信権）、譲ったり貸し出したりする権利（譲渡権、貸与権）、翻訳したり脚色したりする権利（翻訳権、翻案権）などを含む。著作者人格権は他人に譲渡したり相続したりでき

ないが、著作権（財産権）は譲渡や相続が可能である。

著作隣接権　★★★★

　著作権のうち、歌手や演奏家、レコード製作者、放送事業者など著作物を伝達する者に認められる権利。演奏や放送を行った時点で発生する。録音権、録画権、放送権、送信可能化権、譲渡権、貸与権などが認められている。

公表権　★★

　著作者人格権のうち、著作物を公表するかどうか、公表の方法などを決められる権利。

氏名表示権　★★

　著作者人格権のうち、著作者の氏名を表示するかどうかや、表示する方法などを決められる権利。

同一性保持権　★★

　著作者人格権のうち、著作者の意志に反して著作物の内容を改変させない権利。他人の著作物を基に新たな作品を生み出す二次創作は、適切な方法を取らなければ同一性保持権や翻案権の侵害になる。

複製権　★★

　著作権（財産権）のうち、著作物を複製（コピー）する権利。著作物は、その著作者以外が無断で複製することはできない。複製して利用するには、一部の例外を除き、著作者の許可が必要になる。

公衆送信権　★★

　著作権（財産権）のうち、公衆によって受信されることを目的として著作物を送信する権利。他人の

著作物をインターネット上で勝手に公開すると、公衆送信権の侵害になる。

方式主義　★★

産業財産権は、特許庁への出願や登録といった一定の手続きを経ることで取得できる。これを「方式主義」と呼ぶ。これに対し、著作権は創作した時点で自動的に発生し、申請や登録を必要としない**無方式主義**を採用している。

無方式主義　★★

著作権は創作した時点で自動的に発生し、権利を取得するために一切の手続きが不要であるという考え方。これに対して産業財産権は、特許庁への出願が必要な**方式主義**が採用されている。

クリエイティブ・コモンズ　★★★

著作権者が、自分の著作物の利用条件や範囲をあらかじめ意思表示しておくことで、他者による著作物の円滑な利用を可能にする仕組み。国際的な非営利組織が提唱し、「クリエイティブ・コモンズ・ライセンス」「CC ライセンス」ともいう。具体的には「著作物を商用目的で利用することの可否」「著作物を改変することの可否」「著作権者の名前を記載する必要性の有無」といった項目について著作権者が方針を決め、著作物とともに明記する。その方針に従えば、煩雑な利用申請手続きなどを行わずに著作物を利用できる。

●クリエイティブ・コモンズ・ライセンス

表示（BY）
作者名、作品名などのクレジットを表示

非営利（NC）
営利目的で利用してはいけない

改変禁止（ND）
元の作品を変更してはいけない

継承（SA）
元の作品と同じCCライセンスで公開する

表示例

クレジットを表示し、非営利目的で使用。作品を改変してはいけない

クレジットを表示し、作品の改変は禁止だが、営利目的で使用可

パブリックドメイン　★

著作権法に基づく保護や制限がなく、著作物が誰でも自由に使える状態にあること。例えば、著作権者の死後一定の期間（日本の場合は 50 年）が経過し、著作権の保護期間が終了した著作物が該当する。また、憲法や法律、政令、裁判所の判決などは、著作権を主張できない著作物とされる。

著作権の例外規定　★★★

著作権法は、いくつかの特定の用途において、著作権者に許諾を得ることなく著作物を利用できるとしている。例えば、家庭で仕事以

外の目的のために著作物を複製することは「私的使用のための複製」として認められている。また、正当な範囲で適切な形で行われる**引用**をはじめ、試験問題としての複製、営利を目的としない上演、情報解析のための複製など、例外的に使用が認められる場合がある。

引用　★★★★

著作権者の許諾を得ることなく著作物の一部を利用できるケースとして「引用」がある。出版物や研究論文、Webページなどから一部を引用して論評したり議論を深めたりする行為は、著作権の例外規定として認められている。ただし、引用には満たすべき条件がある。すなわち引用に必然性があり、分量は必要最低限、自分の著作物と引用部分が明確に区別されていて、あくまで自分の著作物が主、引用部分が従でなければならない。さらに、出典の明記も必要だ。

参考文献　★★

著作物を作成する際に参考にした出版物、研究論文、Webサイトなどは、「参考文献」として明記するのが望ましい。書籍なら書名、著者名、出版社名、発行年など、Webサイトならサイト名やページタイトル、URLなどを記載する。引用した出版物などを「引用文献」ということもある。

特定商取引に関する法律　★

訪問販売や通信販売といったトラブルが発生しやすい特定の取引について、事業者による違法な勧誘を取り締まったり、トラブルを防止・解決したりするためのルールを定めた法律。「特定商取引法」ともいう。**クーリング・オフ制度**など、消費者を守るための制度を設けている。

クーリング・オフ制度　★

いったん契約をした後でも、一定の期間内であれば無条件で契約を解除できるとする制度。特定商取引に関する法律では、訪問販売や電話勧誘販売などは8日間、連鎖販売取引（いわゆるマルチ商法）などは20日間、クーリング・オフ制度による契約解除が可能と定められている。なお、自分で店舗に出向いての商品購入や電話・インターネットなどでの通信販売にはクーリング・オフ制度は適用されない（各事業者が定める条件による）。

青少年インターネット環境整備法　★

青少年が安全に安心してインターネットを利用できる環境を整備するための法律。有害情報を閲覧できないようにする**フィルタリング**の利用促進や、青少年がインターネットを適切に活用する能力を習得できるように努めることなどを事業者や保護者などに求める。正式名称は「青少年が安全に安心してインターネットを利用できる環境の整備等に関する法律」。

匿名性　★★

個人の名前や身元を特定できないこと。インターネット上では、実名を明かさずに情報を発信できるため、安易に無責任な発信をして、他人を傷つけたり誤った情報を広げたりする利用者もいる。情報の

受け手は、それが誰により発信されたものなのか、信頼性のあるものなのかを判断しにくい。匿名であることが原因でトラブルや社会問題になることもある。

プロバイダ責任制限法　★
インターネットで発信された情報で名誉毀損などの権利侵害が起こった際に、関係するプロバイダ、サーバの管理者、運営者などの責任を限定し、それによって生じた損害を賠償しなくて済む場合の規定を設けた法律。インターネットで発信された情報で自分の権利を侵害された人が、関係するプロバイダなどに対して、その発信者の情報を開示するように請求できる権利も規定する。なお、当該情報の削除を義務付ける法律ではない。

4. 情報社会におけるコミュニケーション

情報社会　★★★
コンピュータや通信ネットワークなどを通じてやり取りされる情報が大きな価値を持つ社会。情報化社会、高度情報社会などとも呼ぶ。蒸気機関などの登場により「農業社会」から「工業社会」へと発展したように、コンピュータやネットワークの登場により「工業社会」から「情報社会」へと移行したといわれる。

情報通信ネットワーク　★★★
情報をやり取りすることを目的にしたネットワーク全体を指す。インターネットを介して相互に接続された世界規模のコンピュータネットワークのこと。

ICT アイシーティー　★★
「情報通信技術」を意味する英語「Information and Communication Technology」の略。ITとほぼ同義だが、官公庁や教育分野では「ICT」を用いるのが一般的。

IT アイティー　★
「情報技術」のこと。「Information Technology」の略。

SNS エスエヌエス　★★★★
ソーシャルネットワーキングサービス（Social Networking Service）の略で、利用者同士がメッセージや写真、動画などを投稿し合い、交流できるWebサービスのこと。「交流サイト」ともいう。匿名で利用できるSNSでは、気軽に発信・交流できる半面、誹謗中傷やデマの拡散など、トラブルに発展することも少なくない。

ソーシャルメディア　★★★
インターネットを通じたコミュニケーションによって形成される情報メディア。個人が気軽に情報を発信して交流できるSNS（ソーシャルネットワーキングサービス）、動画投稿サービス、電子掲示板サービスなどで、利用者が投稿したコンテンツを共有する形態をメディアとして捉えた呼び方。

近年はマスメディアに匹敵する影響力を持ち、SNSの投稿内容から市場のニーズや反応を分析するソーシャルメディアマーケティングも盛んになっている。社会への発信力・影響力が大きい人物を「インフルエンサー」と呼び、ソーシャルメディアでは多数の支持者（フォロワー）を抱えている人を指す場合が多い。

ウィキ　★

複数のメンバーが共同でWebページを編集するためのコンテンツ管理システムのこと。他のメンバーが書いた内容の編集や削除も可能で、情報の共有や共同編集に利用される。ウィキの仕組みを使ったWebサイトは数多くあり、百科事典サイトの「ウィキペディア（Wikipedia）」などが有名。ウィキペディアは一般の利用者が自由に編集できるため、たくさんの情報が集まる半面、個人の思い込みや誤解による情報も含まれる点には注意したい。

電子掲示板　★★★

インターネットなどのネットワーク上に設置された掲示板のようなシステムで、複数の利用者が所定の入力欄に書き込んだ文章を時系列で掲載する。単に掲示板とも、BBS（Bulletin Board System）とも呼ばれる。　ネットワーク上でのコミュニケーション手段の1つであり、不特定多数のユーザによる情報交換にも利用される。

クラウドファンディング　★

インターネットなどを通じて不特定多数の人に資金提供を呼びかけ、一定額が集まった時点でプロジェクトを実行する資金調達方法。商品の開発やイベントの開催、チャリティなどで利用される。特別な見返りを用意しない寄付型、開発した商品やイベント招待などの提供を約束する購入型、金銭的な見返りを約束する投資型などに大別できる。「群衆」を意味する「クラウド（crowd）」と「資金調達」を意味する「ファンディング（funding）」をつなげた言葉で、クラウドコンピューティング（cloud computing）とは関係ない。

炎上　★★★

SNS（ソーシャルネットワーキングサービス）、ブログ、電子掲示板などで、特定の記事や投稿、人物に対して非難や批判、中傷のコメントが殺到した状態になること。原因となった記事や投稿の発信者が特定され、ネット上で「さらしもの」にされる場合もある。

情報操作　★

報道機関の活動を制限したりそれに介入したりすることで、自分の都合の良い方向に情報を傾けたり、印象を変えたりする行為。人々に提供される情報を操作して、世論や社会に影響を及ぼそうとする。

フェイクニュース　★★★

誤った情報や根拠のない情報を、真実であるかのように報じるニュース記事のこと。「虚偽ニュース」ともいう。特に、何らかの利益を得たり、世論を誘導したりする目的で、意図的に流される誤情報やデマを指す。フェイクニュースなどの誤情報に騙されないよ

うにするには、事実かどうかを検証する「ファクトチェック」が重要になる。

ネットいじめ　★

インターネット上で行われるいじめ。特に、インターネットを日常的に利用するようになった子供たちの間で行われるネットいじめが社会問題になっている。SNS や電子掲示板などで、特定の人に対する悪口を集中的に書き込んだり、仲間外れにしたり、誹謗中傷のメッセージを送り付けたりする。いじめの場になっている SNS などが第三者からは見えないところにあるため、教員や保護者の目に付きにくいことも対策を難しくしている。

ステルスマーケティング　★

消費者に気付かれないように行う宣伝活動のこと。「ステルス（stealth）」は「隠密」を意味し、「ステマ」と略されることもある。インターネット上では、ブログや SNS、電子掲示板などで、企業の関係者や有名人がその立場を明らかにせず、中立的な立場を装って特定の商品に対する好意的なコメントを発信する例などがある。

テクノストレス　★★

コンピュータやインターネットなど IT 技術の利用に適応できないことで生じる心理的な問題。コンピュータ操作などに疲れ果てて、軽いうつ状態になる「テクノ不安症」や、コンピュータにのめり込みすぎて人との会話が面倒になるなど、対人関係に支障を来す「テクノ依存症」などがある。

VDT 障害　★

コンピュータのディスプレイ（VDT；Visual Display Terminal）を使った作業が原因と考えられる健康障害。同じ姿勢を長時間続けるために起こる肩凝りや腰痛、画面を集中して見ることによる目の疲れ、単調な入力作業や高度な情報処理の連続による精神的ストレスなどが代表的な症状とされる。

サイバー空間　★★

インターネットに代表されるコンピュータネットワーク上に構築された仮想的な空間を表す言葉。「サイバースペース」ともいう。

インターネット依存症　★

インターネットを過剰に使用することで常習化し、インターネットから離れることが不安になったり、利用の仕方や時間を自分でコントロールできなくなったりする状態。**ネット依存**ともいい、睡眠障害やうつ状態に陥ることもある。同様の症状を発するものとして「SNS 依存」「スマホ依存」「ゲーム依存」などがある。

ネット依存　★
→インターネット依存症

情報格差　★★★
→デジタルデバイド

デジタルデバイド　★★★

コンピュータやインターネットなどの情報技術を利用できる人とできない人との間に生じる、得られる情報の量や質の格差のこと。**情報格差**ともいい、情報化が生む待遇や貧富の格差を指す場合もある。

情報機器やサービスを利用する能力の差によって、就職の機会や収入に差が生じることなどが社会問題として認識されている。

5. 情報技術の発展

AI エーアイ　★★★★★

人工知能（Artificial Intelligence）のこと。コンピュータに人間と同様の知能を実現させようという試み、あるいはそのための基礎技術を指す。実際には、人間が持つ推論や認識、学習の能力をコンピュータの一機能として実現しようとするアプローチが多い。例えば、写真に写っている内容を判別する画像認識や、音声による文字入力を実現する音声認識の技術には、AIによる**機械学習**の結果が応用されている。カメラやセンサにより周囲の情報を収集し、それを判断して自動車を操作する自動運転技術をはじめ、医療や金融、司法など、AIの応用分野は多岐に広がっている。

人工知能　★★★★★
→ AI

機械学習　★

人間が物事を学ぶように、AI（人工知能）が自ら学習してその能力を高められるようにする技術。大量のデータを読み取らせて正解と不正解を学習させる手法や、大量のデータの中から共通するパターンを見いださせることで学習させる手法などがある。機械学習の技術を用いてAIが自ら学ぶようになったことで、AIで実現できる

ことやその質が大きく進歩した。

AR エーアール　★★

カメラで映し出した目の前の光景に、コンピュータグラフィックス（CG）をリアルタイムで重ねて表示する技術。ARは「Augmented Reality」の略で**拡張現実**と訳される。スマートフォンで映した街中の光景に、あたかもその場にいるかのようにアニメのキャラクタを表示させるゲームはその一例。スマートグラスと呼ばれる眼鏡型の機器に映像を表示することで、違和感なく現実の光景とコンピュータによる情報を重ね合わせる事例もある。

拡張現実　★
→ AR

バーチャルリアリティ　★★

コンピュータが作り出す仮想的な空間を、あたかもその中にいるような感覚で体験できるようにする技術。VRは「Virtual Reality」の略で「仮想現実」と訳される。VRに対応した装置としてVRゴーグル（ヘッドマウントディスプレイ）があり、これを装着してVR用の360度映像を視聴すると、体（頭）の動きに合わせて視点が変化するため、その空間に入り込んだような没入感を得られる。

Society 5.0（ソサイエティ）　★

政府が第 5 期科学技術基本計画（2016 ～ 2020 年度）で提唱した、日本が目指すべき未来社会の姿を表す言葉。狩猟社会（Society 1.0）、農耕社会（Society 2.0）、工業社会（Society 3.0）、情報社会（Society 4.0）に続く新たな社会と位置付けられる。IoT と呼ばれる機器やセンサによりあらゆるものがインターネットにつながり、さまざまな知識や情報が共有され、AI（人工知能）やロボット、自動運転技術などが実用化される。その結果、経済的な発展と同時に、少子高齢化、地方の過疎化、貧富の格差などの社会的課題が克服されるとしている。

クラウドコンピューティング　★★

インターネット上にある大規模かつ高性能なサーバ群が提供する各種の機能やサービスを、個々のコンピュータからネットワーク経由で利用する仕組み。この仕組みを使って提供されるサービスはクラウドサービスと呼ばれる。インターネットを簡略化して図解するとき、ぼんやりとした雲（クラウド）のような形を描くことが多いことに由来する。

ビッグデータ　★★★★

情報社会において蓄積される大量のデータの総称。特に、インターネット上でやり取りされる各種データを意味することが多い。センサなどの IoT 機器により取得される計測値、オンラインショッピングにおける消費者の閲覧行動や購入履歴に関する情報、スマートフォンやカーナビなどがもたらす位置情報、SNS などで日々発信されるテキスト情報など、膨大なデータを収集・分析することで、ビジネスに役立つ知見を得たり、社会的な課題解決に有益な情報を引き出せる可能性がある。

データサイエンティスト　★★

情報社会において蓄積される各種データを分析して、問題を解決したり有用な知見を引き出したりする研究や実践を「データサイエンス」という。データサイエンティストは、それを担う専門家のこと。商品の売上数、気象条件、広告量などのデータを組み合わせて効果的な販売促進策を導き出したり、製造ラインにおける不具合などのデータから不良品の発生や故障を予見したりと、さまざまな分野での活躍が期待される。一般には、統計学や数学、物理学などの学識に加えて、コンピュータの活用能力が求められる。

IoT（アイオーティー）　★★★★★

コンピュータのみならず、各種のセンサや電子機器、家電、自動車、生産設備など、あらゆるモノ（機器）がインターネットに接続されてデータをやり取りすることで、新たな価値を生み出す仕組みのこと。「Internet of Things」の略で、「モノのインターネット」と訳される。例えば、ネットワークにつながった自動販売機が在庫切れを自動的に通知して商品の供給を促したり、農作地に設置したセンサから気温や雨量の情報を取得して水やりなど必要な作業を自動化したりと、データに基づく効率化や生産性の向上を実現する。

6. 問題の発見と解決

サーチエンジン　★★
　→検索エンジン

検索エンジン　★★★
　インターネット上で、目的の情報がどの Web ページにあるかを検索できるサービス。「検索エンジン」や「検索サービス」ともいう。適当なキーワードを入力して検索を実行すると、その情報を含む Web ページへのリンクを一覧表示する。

キーワード検索　★★
　検索エンジンや各種のデータベース、文書ファイルなどで、特定の語句（キーワード）を入力して、該当する情報を探し出すこと。検索エンジンの場合、複数の語句を組み合わせて、それらの語句を含む Web ページを探すことができる。文書ファイル内のすべての文字列を対象にキーワード検索することを「全文検索」ともいう。

AND ᵃⁿᵈ検索　★★
　キーワード検索の方法の1つ。複数の語句を入力して、それらの語句がすべて含まれる情報を探す。例えば、AとBという語句を用いて「AとBの両方を含む」という条件で探すことができる。

OR ᵒʳ検索　★★
　キーワード検索の方法の1つ。複数の語句を入力して、それらの語句がいずれか1つでも含まれれば、該当する情報とみなす。例えば、AとBという語句を用いて「AまたはBのいずれかを含む」という条件で探すことができる。

NOT ⁿᵒᵗ検索　★★
　キーワード検索の方法の1つ。「指定した語句を含まない」という条件で情報を探す。例えば、AとBという語句を用いて「Aは含むが、Bは含まない」という条件で探すことができる。

●キーワードを組み合わせた検索の例

AND検索	OR検索	NOT検索
りんご AND バナナ	りんご OR バナナ	りんご NOT バナナ
りんごとバナナの両方を含む	りんごとバナナのいずれかを含む	りんごを含むもののうち、バナナを含むものは除く

アンケート　★★★
　質問に対する回答を求めることで、人々の考え、感想、属性などのデータを集める調査手法。あらかじめ

調査の目的、対象を決めて、それに応じた質問を用意する。自由回答方式と選択的回答方式があり、選択的回答方式には、回答を 1 つ選ぶ単一回答と、複数を選べる複数回答などがある。選択的回答方式で多数の人から回答を得ることで、ある事象に関する傾向を人数や割合など数値で表せるようになる。結果を数値で得られることから「定量調査」ともいう。

インタビュー　★★

人々に直接質問をし、自由に回答してもらうことで、その人の考えや感想、属性などのデータを集める調査手法。個人の意見や思いなどを生の言葉で収集する。回答に対してさらに質問をしてその理由を聞けたり、回答時の表情や態度などを観察することで言外の情報を得られたりする利点もある。結果を数値化しやすいアンケート調査（定量調査）に対して、数値化できないデータを集めるため「定性調査」ともいう。

フィールドワーク　★

文献を参照したりインターネットで調べたりするのではなく、現地に赴いて実際に観察したり、人々にアンケート調査やインタビューをしたりして、生の情報を直接収集する手法。フィールドワークで得られた情報は**一次情報**になる。

ブレーンストーミング　★★★★

複数の人がそれぞれの意見や考えを自由に発言し合うことで、新しい発想やアイデアを生み出す手法。特定のテーマについて、お互いに批判することなく、意見を次々と

述べることで発想を拡大する。日本では「ブレスト」と略すこともある。通常はブレーンストーミングの段階を経た後で、実現や問題解決のための具体案を検討する。

ブレーンライティング　★★

複数の人がアイデアを出し合って検討する手法の 1 つ。参加者はまず、それぞれの意見や考えを紙に書き出して、決められた時間になったら隣の人に回す。次に、紙に書かれた隣の人のアイデアをベースに、さらに発展させた意見や具体案を記入する。これを何度か繰り返すことで、議論を深めたり、アイデアをまとめたりする。6 人程度のグループで、1 人 3 個ずつアイデアを書き出し、5 分前後で紙を回すやり方が一般的。口頭で意見を出し合う**ブレーンストーミング**に比べて、発言が苦手な人の意見も反映しやすいという利点がある。

KJ法　★★★★

意見やアイデアをカードに書き出して分類・整理する発想法。適当なサイズに切り分けた紙やカード、付箋などに、1 枚に 1 つずつ事実や考えを書き出した後、それらを関連性の有無などにより分類し、グループ名を付ける。そのグループ間の関係を矢印で結ぶなどして視覚化し、考えをまとめていく。「KJ」は考案者である文化人類学者の川喜田二郎氏のイニシャル。

マインドマップ　★

アイデアやキーワードを図式化することで、脳にあるイメージを視覚化して思考を深め、新しいアイ

デアの考案や問題解決を図る発想技法の1つ。英国の教育学者トニー・ブザンが考案した。用紙の中央にテーマとなるキーワードを配置し、思い付いたアイデアやキーワードを線で結びながら放射状に並べていく。この作業をコンピュータ上で行うソフトウェアもある。

ロジックツリー　★★

課題やアイデアを整理する手法の1つ。検討したいテーマについて、そこから枝分かれするように原因や解決法などの要素を記述。さらにその各要素について、より具体的な内容を書き出して掘り下げるという作業を繰り返す。テーマに付随する要素を枝分かれする樹木（ツリー）のように階層的に並べていくことから、「ロジックツリー」と呼ばれる。内容を論理的に分解し、詳細で具体的な議論へと深めるのに役立つ。

ガントチャート　★★

プロジェクトの工程管理やスケジュール管理などに用いる横棒グラフの一種。日付などの時系列を横軸に取り、作業項目などを縦軸に並べて、作業の日程や進捗状況を横棒で描いて示す。コンピュータ上でプロジェクト管理を行うソフトウェアには、ガントチャートの作成機能を備えるものが多い。

PERT パート図　★

プロジェクトや業務の手順や作業の流れを図式化したもの。各手順や作業の依存関係や所要時間を表して、工程の順序やスケジュールを整理するときに使う。「PERT」は「Program Evaluation and Review Technique」の略。

ルーブリック　★★

学習や取り組みに関する到達度を測るために、評価軸や評価基準を表にまとめたもの。縦軸に評価する項目、横軸に評価の尺度を並べて、両者が交わるところに評価基準を記入する。これを作成することで、学習の狙いや目標、評価のポイントが明確になり、自分のレベルや課題の確認、公平な評価などができるようになる。

トレードオフ　★★★★

一方を得ると他方を失うような、相容れない関係を表す言葉。例えば、写真のデータは解像度（画素数）を上げると画質が良くなるが、データ量も大きくなる。そのため、データ量を小さくしたければ、画質を犠牲にする必要がある。このようなとき、画質とデータ量はトレードオフの関係にあるという。ビジネスにおいては、商品の質を上げると製造コストが高くなり、価格を抑えにくくなることが課題であり、商品の質と低価格であることがトレードオフになっている。同様に、社会におけるさまざまな課題にはトレードオフの要素があり、何を優先すべきか、どこでバランスを取るかが重要になる。

PDCA ピーディーシーエーサイクル　★★★★

計画を立てる（Plan）、実行する（Do）、評価する（Check）、改善する（Action）という4段階の作業を繰り返し実施することで、業務などを改善していく手法。継続的に推進することで、問題の解決

や目標の達成につながる。

●PDCAサイクル

フィードバック　★★

問題を解決するプロセスにおいて、途中で得られた分析や評価の結果を基に、軌道修正をしたり改善したりすること。相手の行動や成果物に関する意見や評価を相手に伝えることをいう場合もある。

Column　　社会を変革する「生成AI」

　AI（人工知能）技術の発展により、AIを用いたさまざまな製品やサービスが登場しているが、2022年11月に米国のベンチャー OpenAI が公開した「ChatGPT」は、世界中に衝撃を与えた。チャット形式でAIと会話できるサービスだが、驚くべきはその性能。さまざまな質問や相談に自然な文章で回答するだけでなく、情報の検索から文章の翻訳・要約、レポートや物語の執筆、プログラミングまでできる。同種のサービスは「対話型AI」「AIチャット」などと呼ばれ、マイクロソフトやグーグルなどの大手も開発・提供に乗り出している。

　一方、「犬が海辺を走る絵」などと言葉で説明するだけで、イラストや絵画、写真などを自動生成する「画像生成AI」も多数登場している。そのクオリティは画家や写真家も認めるレベル。ある写真コンテストでAIが生成した画像が最優秀賞を獲得してしまい、物議を醸したほどだ。同様に、音楽や動画を生み出すAIの開発も進んでいる。

　こうした文章や画像、音楽などを生み出すAIは総じて「生成AI（Generative AI）」と呼ばれる。その能力は、仕事や学習の効率化、各種課題の解決にも役立つもので、社会を変革する技術として注目されている。半面、さまざまな課題も見えてきた。例えば、対話型AIは誤った情報を返すこともあるので、安易に信じてはいけない。画像生成AIによって生み出された偽の画像により、フェイクニュースが流される事例も出ている。AIが生成する文章や画像などが、AIが学習した元の文章や画像などの著作権を侵害している恐れもある。

　生成AIの登場でますます、情報を適切に扱い、活用するための情報リテラシーの必要性が増しているといえる。

第2章
コミュニケーションと情報デザイン

1. アナログとデジタル

アナログ　★★★
情報を、連続的に変化する指標（量）で表現すること。連続的に変化する情報を一定の間隔で区切って表現する**デジタル**と対比される。例えば、時間は本来連続したものであり、長針と短針から成るアナログ時計では、分を表す目盛りの間も連続的に長針が動く。一方、「12：30」といった数字で表現するデジタル時計は、時刻を分単位で区切って表す。アナログは連続的な事象を本来の状態のまま表現するのに対し、デジタルは中間を省いた飛び飛びの数値（離散値）に置き換えて表現する。

アナログデータ　★★
アナログで表現されたデータのこと。連続的に変化する情報をそのまま表現するので、本来のものに限りなく近い状態を再現できる。半面、情報の量が多い、感覚的で曖昧になりがち、編集や加工がしづらい、複製時に劣化しやすいなどの短所がある。コンピュータで情報を扱う際には、アナログの情報をデジタルデータに変換する必要がある。

デジタル　★★★
連続的に変化する情報を、一定の間隔で区切って数値で表現すること。中間を省いた飛び飛びの数値（離散値）で表すため、元の情報とは細部で異なる点が生じる半面、数値で表されるため記録や伝達がしやすく、正確な複製も可能にな

る。コンピュータは通常、デジタルで表現されたデータ（デジタルデータ）を用いて処理する。

デジタル化　★★
アナログの情報をデジタルの情報に変えること。自然界の情報の多くはアナログであるため、コンピュータで扱うにはデジタル化することが必要になる。例えばデジタルカメラは、CCD センサなどの撮像素子により光の情報を電気信号に変えることで、視覚情報をデジタル化する。

デジタルデータ　★★
デジタルで表現されたデータのこと。連続的に変化するアナログデータを、一定の間隔で区切って数値にしたものになる。アナログデータは連続しているため、無限に細かく表現することができるが、デジタルデータは非連続の数値（離散値）で表されるため、区切り方に応じた有限のデータになる。コンピュータで扱われるデジタルデータは、2 進法で表現される。2 進法のデータは「10101110」のように、数字の「0」と「1」の羅列になる。

A/D エーディー変換　★★
アナログデータをデジタルデータに変換すること。通常は専用回路で電圧の変化をデジタル信号に変換する。音声や映像、センサが感知する温度や圧力などの情報を、コンピュータに取り込む際に行う。

D/A ディーエー変換　★★★

デジタルデータをアナログデータに変換すること。例えばコンピュータの内部では音声もデジタルデータとして処理されるが、それをスピーカーから出力するには、アナログの音声信号に変換する必要がある。その変換処理をD/A変換といい、変換のための機器や回路をDAC（D/Aコンバータ）と呼ぶ。

ビット　★★★★★

コンピュータが扱う情報量の最小単位。「bit」とも書く。コンピュー

タの内部では命令やデータを2進法で扱い、値を「0」と「1」で表現する。ビットは、2進法の1桁分に相当する情報量。2進法の8桁分に相当する情報量を1バイトといい、8ビット＝1バイトとなる。

バイト　★★★★★

コンピュータが扱う情報量の単位。1バイト（B）は8ビット（bit）、つまり2進法の8桁のことで、256種類（2の8乗）の情報を表現できる。略記する場合は大文字の「B」とすることで、ビットと区別する。

●ビットとバイト

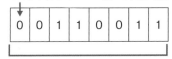

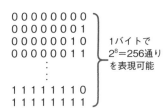

接頭語　★

「k」（キロ）や「M」（メガ）など、数量の大きさを簡潔に表現するために単位の前に付ける語のこと。国際的な単位体系（SI単位系）で用いられ、「SI接頭語」や「SI接頭辞」とも呼ばれる。例えば「k」は10の3乗、「M」は10の6乗、「G」（ギガ）は10の9乗を表す。ただし、コンピュータが扱う情報の量

を表現する際は、2進法に合わせて「K」で2の10乗、「M」で2の20乗、「G」で2の30乗を表し、1KB＝1024B（バイト）、1MB＝1024KB、1GB＝1024MBとすることが多い。このように2の何乗かを表す接頭語を「2進接頭語」といい、「Ki」（キビ）、「Mi」（メビ）、「Gi」（ギビ）と記してSI接頭語と区別することもある。

●主な接頭語

接頭語	倍率	
k（キロ）	10^3	↘ 1000倍
M（メガ）	10^6	↘ 1000倍
G（ギガ）	10^9	↘ 1000倍
T（テラ）	10^{12}	↘ 1000倍
P（ペタ）	10^{15}	↘ 1000倍
E（エクサ）	10^{18}	

KB キロバイト　★

コンピュータが扱う情報量の単位。1B（バイト）は8ビットで、1KBは1024B。小文字の「k」は10の3乗を表すが、コンピュータでは大文字の「K」で2の10乗を表すのが一般的。「K」を「Ki」（キビ）と表現することもある。

MB メガバイト　★

コンピュータが扱う情報量の単位。1MB（メガバイト）は1024KB（キロバイト）。10の6乗を表す「M」と区別するために、2の20乗を表す「M」を「Mi」（メビ）と表現することもある。

GB ギガバイト　★

コンピュータが扱う情報量の単位。1GB（ギガバイト）は1024MB（メガバイト）。10の9乗を表す「G」と区別するために、2の30乗を表す「G」を「Gi」（ギビ）と表現することもある。

TB テラバイト　★

コンピュータが扱う情報量の単位。1TB（テラバイト）は1024GB（ギガバイト）。10の12乗を表す「T」と区別するために、2の40乗を表す「T」を「Ti」（テビ）と表現することもある。

PB ペタバイト　★

コンピュータが扱う情報量の単位。1PB（ペタバイト）は1024TB（テラバイト）。10の15乗を表す「P」と区別するために、2の50乗を表す「P」を「Pi」（ペビ）と表現することもある。

圧縮　★★★★★

コンピュータ関連では、データのサイズ（容量）を小さくする処理を指す。一定の手順でデータの並べ方や記録方法を効率化することで、内容を保ったままサイズを小さくする。ファイルを送受信する際など一時的にサイズを小さくしたいときは、ZIP形式やRAR形式などで圧縮する。これらは**可逆圧縮**と呼ばれる圧縮方式なので、**展開**などと呼ばれる操作によって、完全に元の状態に戻せる。一方、画像や音声、動画などのデータを圧縮してサイズを小さくする場合は、圧縮効果を高めるために、元のデータを完全には復元することのできない**非可逆圧縮**を利用する場合が多い。圧縮の方式にはさまざまなものがある。

圧縮率　★★

データを圧縮する前と後とで、どのくらいデータのサイズ（容量）が

小さくなったかを表す指標。圧縮後のデータサイズを圧縮前のデータサイズで割って求める。一般に、データサイズをより小さくできることを「圧縮率が高い」というが、画像や映像、音声の場合、圧縮率を高めると情報が間引きされるため、画質や音質は悪くなる。

解凍　★
→展開

伸張　★★
→展開

展開　★★
圧縮されたデータを元の状態に戻すこと。**解凍、伸張、復元**などと呼ばれることもある。

可逆圧縮　★★★★★
データサイズを小さくする**圧縮**の方式の1つで、圧縮した後で、完全に元の状態に戻すことができる方式。

非可逆圧縮　★★★★★
データサイズを小さくする**圧縮**の

方式の1つで、一度圧縮すると、完全には元の状態に戻せなくなる方式。その代わり、圧縮の効率はより高くなる。「不可逆圧縮」とも呼ばれ、画像や音声、動画などのデータを保存するファイル形式で利用される。画像のJPEG形式や映像のMPEG形式は非可逆圧縮で、見た目に違和感が生じない程度にデータを間引きすることで、圧縮効率を高める。

復元　★
→展開

ランレングス圧縮　★★
データの繰り返し部分に着目し、その構造を簡潔に表現することでデータを圧縮する手法。例えば「AAAAAAABBCCCC」というデータなら、「Aが7個、Bが2個、Cが4個」繰り返されるという意味で「A7B2C4」と表現する。これにより13文字分のデータを6文字に圧縮できる。圧縮後もデータの構造を表現しているため、元のデータを完全に再現できる可逆圧縮の手法である。

●ランレングス圧縮の例

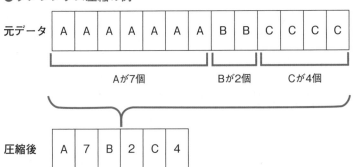

ランレングス法 ★
→ランレングス圧縮

ZIP ジップ ★★
ファイルの圧縮形式の1つ。複数のファイルやフォルダを圧縮して「zip」という拡張子の付いた1つのファイルにまとめられる。Windowsが備える圧縮フォルダ機能はZIP形式を用いる。展開することで元のファイルやフォルダーに戻せる可逆圧縮である。

2. 文字の表現

文字コード ★★★★
コンピュータで文字や記号を扱うために、それぞれの文字や記号に割り振られた数値。英数字や記号などの半角文字は1文字を1バイトで表すが、1バイトでは2の8乗＝256種類の文字しか扱えない。そこで日本語など文字種の多い言語では1文字を2バイト以上で表す。2バイトでは2の16乗＝6万5536種類の文字を扱える。文字コードにはシフトJISコード、EUC、Unicode、UTF-8など複数の種類があり、文字コードの種類によって、それぞれの文字に割り振られるコードは異なる。

ASCII アスキー ★★★
英数字の最も標準的な文字コード体系。1文字を7ビットのコード（0〜127番）で表す。例えば、「A」は7ビットの2進数で1000001、「W」は1010111となる。英語用の規格のため、ひらがなやカタカナは割り当てられていない。1963年にANSI（米国規格協会）が制定した。ASCIIは「American Standard Code for Information Interchange」の略。

ASCII アスキーコード ★★
→ ASCII

アスキーコード ★
→ ASCII

ANSI アンシ ★
米国の工業規格の標準化を行う団体。米国規格協会ともいう。1918年に設立された。日本における日本産業標準調査会（JISC）に相当する。

EUC イーユーシー ★★
米国のAT&Tが1985年に定めた文字コード体系。同社が開発したOS（基本ソフトウェア）である「UNIX（ユニックス）」上で漢字などを扱うために作られ、正式には拡張UNIXコード（Extended Unix Code）という。以前はWebページではEUCが使われることが多かった。日本語だけでなく韓国語や中国語なども定められた。3バイトで表現される文字もある。

JIS ジス ★
→ JISコード

JIS ジスコード　★★★

JIS（日本産業規格）で定めた文字コード。英数字とカタカナを扱う8ビットもしくは7ビットのコードが「JIS X 0201」（JIS 8ビットコード）として制定された。Windows上では、文字の種類を特定する特殊な記号（エスケープシーケンス）を用いて半角文字（1バイト）と全角文字（2バイト）を切り替える「ISO-2022-JP」を指してJISコードと呼ぶことが多い。

シフトJIS ジスコード　★★

JIS（日本産業規格）で定めた文字コード。1文字を2バイト＝16ビットで表現することで、日本語の全角文字を表現できるようにした。1バイト目のコードがASCIIなどの半角文字と重複しないようにすることで、「ISO-2022-JP」のようにエスケープシーケンス（特殊な記号）を挿入しなくても、半角文字と全角文字を切り替えるようにした。2000年の改定で「JIS X 0208」の付属書に取り込まれた。

Unicode ユニコード　★★★

世界各国の文字体系に対応させることを目的に開発された文字コード。すべての文字に2バイトのコードを割り振り、英数字や漢字などを統一的に取り扱う。1993年にISO（国際標準化機構）、1995年にJIS（日本産業規格）で標準化された。文字コードの割り当て方（符号化）の方式としてUTF-8やUTF-16などがある。

ユニコード　★★
→ Unicode

UTF-8 ユーティーエフエイト　★★

文字コードUnicodeの符号化（エンコード）方式の1つ。1文字を1～6バイトの可変長（長さが一定でないこと）で表現するのが特徴で、例えば半角英数字は1バイトで表現し、日本語の多くは3バイトで表現する。

機種依存文字　★

特定の機器でしか正しく表示できない文字のこと。WindowsとMacなど、OS（基本ソフトウェア）の違いにより表示の違いが生じることが多い。同じ文字コードを利用していても、OSによって独自の文字を割り当てている場合があり、この独自の文字が機種依存文字に相当する。電子メールや文書ファイルなどを作成するときに機種依存文字を使うと、異なる機器で表示したときに別の文字で表示されたり、文字化けしたりする場合があるので注意が必要だ。

文字化け　★★

何らかの障害によって文字が正しく画面上に表示されないこと。データの作成側と表示側で文字コードや改行コード、画面表示に関する制御コードなどが異なる場合に発生することが多い。例えばJISコードで作成されたテキストを、表示側がEUCなど別の文字コードに基づいて表示しようとすると、文字の割り当てが異なるため文字化けが発生する。通信中にデータが欠落した場合などにも発生することもある。

フォント　★★★★★

コンピュータで文字を表示したり

印刷したりするために、書体ごとに作成された文字データの集合。多くの種類があり、日本語の書体はゴシック体、明朝体、毛筆体などに大別される。文字の形に関係なく一定の文字幅で表示するものを**等幅フォント**、文字の形に応じてバランス良く並ぶように文字幅が調整される**プロポーショナルフォント**といった区別がある。

OCR オーシーアール　★

紙に印刷もしくは手書きされた文字をスキャナで読み取って画像データに変換し、それを解析してテキストデータに変換すること。「Optical Character Recognition」の略で、「光学文字認識」と訳される。近年はカメラで撮影した画像や、Webページ上にある画像などから文字を抽出してテキストデータ化することも、OCRと呼ばれる。テキストデータ化することで、その文字をほかの書類などで再利用したり、キーワードで検索したりできるようになる。

3.　音の表現

Hz ヘルツ　★★

周波数を表す単位。1秒間に何回の波（振動）があるかを表す。例えば20Hzなら、1秒間に20回の波がある。

ヘルツ　★★
→ Hz

周波数　★★

規則的に繰り返す波（振動）が1秒間に何回発生するかを表す数。単位は Hz（ヘルツ）で、1秒間に1回振動する波を1Hzと表す。1秒間に振動する回数が多いとき周波数が高い（高周波）といい、少ないとき周波数が低い（低周波）という。例えば、高い音は周波数が高く、低い音は周波数が低い。人間の耳に聞こえる音の周波数は、20～2万Hzといわれる。繰り返す波のうち、1個の波が始まって終わるまでの時間を**周期**という。

周期　★★

規則的に繰り返す波（振動）のうち、1個の波が始まって終わるまでの時間。例えば周波数が20Hzの波の周期は、1（秒）÷20（回）＝0.05（秒）と計算できる。

サンプリング　★★★
→標本化

サンプリング周波数　★★★
→標本化周波数

標本化　★★★★★

全体（母集団）の中から、一部の標本（サンプル）を抽出すること。**サンプリング**ともいう。アナログデータをデジタル化する際には、連続的に変化するアナログの値を、一定の間隔で抽出し（標本化）、その値を段階値に置き換え（**量子化**）、2進数に変換する（**符号化**）というプロセスを経る。

●音のデジタル化（標本化、量子化、符号化）

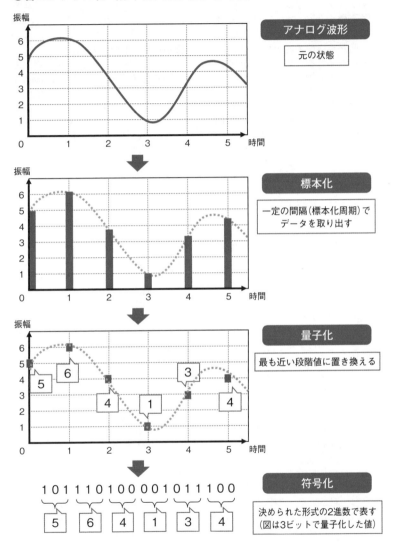

アナログ波形

元の状態

標本化

一定の間隔（標本化周期）で
データを取り出す

量子化

最も近い段階値に置き換える

符号化

決められた形式の2進数で表す
（図は3ビットで量子化した値）

標本化周期　★★

アナログデータをデジタル化する際の**標本化**のプロセスにおいて、値を抽出する間隔のこと。標本化周期が短いほど元のアナログの波形に近くなるため再現性が高まるが、データ量は多くなる。

標本化周波数　★★★

アナログデータをデジタル化する際の**標本化**のプロセスにおいて、1秒間に標本化する回数を表すもの。**サンプリング周波数**やサンプリングレートと呼ばれることも多い。標本化周波数が高いほど、元のアナログの波形に近くなるため再現性が高まるが、データ量は多くなる。音楽CDのデータは標本化周波数が44.1kHz。これは1秒間に4万4100回の値を標本化していることを表す。標本化周波数は、標本化周期の逆数になる。

標本化定理　★★

アナログデータをデジタル化するとき、元の波形に含まれる最大周波数の2倍を超える周波数で標本化（サンプリング）すれば、元の波形を再現できるという定理。

量子化　★★★★★

アナログデータをデジタル化する際の**標本化**のプロセスにおいて、抽出された値を、一定の段階で区切った数値に置き換えること。あらかじめ何段階かに分けた数値のうち、最も近いものに置き換える。その際、どのくらい細かく段階を分けるかは**量子化ビット数**で決まる。段階を細かく分けるほど元のアナログ値に近づくため再現性は高まるが、その分データ量は多く

なる。量子化されたデータは**符号化**のプロセスを経てデジタルデータとなる。

量子化ビット数　★★★

アナログデータをデジタル化する際の**量子化**のプロセスにおいて、データを何段階に分けて数値化するかを決めるもの。1ビットなら2段階、2ビットなら4段階に分けることになる。量子化ビット数が大きいほど、元のアナログ値に近くなる。一般的な音楽CDのデータは、量子化ビット数が16ビット。これは一定時間幅のアナログ値を2の16乗（6万5536）の段階に分けて数値化していることを意味する。

符号化　★★★★★

情報をコンピュータで扱えるように2進法（2進数）のデータとして表現すること。アナログデータをコンピュータで処理するには、元データを一定間隔で区切って**標本化**し、その値を決められた段階の数値に置き換えて**量子化**したうえで、2進数で表現して符号化する。このプロセスをA/D変換と呼ぶ。

パルス符号変調方式　★★
→ PCM方式

PCM〔ピーシーエム〕方式　★★

音などのアナログデータをデジタル化する方式の1つ。原音に忠実なデジタル化が可能で、DVDやCDでも採用されている。

MP3〔エムピースリー〕　★

インターネット上などで広く利用

されている音楽ファイル形式の1つ。動画の圧縮形式 **MPEG** における音声の圧縮形式として定められた規格のうち、最も圧縮率の高い「レイヤー3」を利用する。拡張子は「mp3」。人間の耳には聞こえない部分を間引きすることで、データサイズを大幅に減らす。ただし**非可逆圧縮**であるため、圧縮により劣化した音質を元に戻すことはできない。

MIDI ミ_{ディ}　★

「Musical Instrument Digital Interface」の略。シンセサイザやシーケンサ、リズム音源、シーケンスソフトが動作するコンピュータなどが相互に演奏データをやり取りするためのインタフェース、またはその規格。日本の楽器メーカーが提唱した。異なるメーカーの電子楽器を接続して、1つの楽器から別の楽器へデータを送って演奏させたり、同時に複数の楽器を演奏させたりできる。MIDI には音色についての規定はないが、それを規定した「GM（General MIDI）」もある。

4. 画像・映像の表現

コンピュータグラフィックス　★★

コンピュータを使って絵や図形を描くこと、あるいは描かれた作品。「Computer Graphics」の頭文字をとって「CG」ともいう。映画などの映像作品では、実写での撮影が困難な場面をコンピュータグラフィックスで合成することが多い。最近はすべての場面をコンピュータグラフィックスで描いたアニメーション作品も多く、中でも人物や背景をモデル化し、それらをコンピュータによる物理演算によって動かすアニメーション作品は「3DCG」「フルCG」などと呼ばれる。

マルチメディア　★

コンピュータ上で、動画、静止画、音声、文字などの多様な種類の表現メディアを統合的に扱うこと、あるいはそれによって生み出された情報。双方向で情報をやり取りするインタラクティブ性を条件に含める考え方もある。

光の三原色　★★★

光によって生み出される色の基本となる赤（R；red）、緑（G；green）、青（B；blue）の3色のこと。この3つの色を混ぜ合わせることで、さまざまな色が生み出される。光の三原色は、色を混ぜると明るくなり、すべてを混ぜると白になる。これを**加法混色**という。光の組み合わせで色を表現するテレビやディスプレイは、光の三原色であるRGBの加法混色を利用している。

色の三原色　★★★

絵の具やインクによって生み出される色の基本となるシアン（C；Cyan）、マゼンタ（M；Magenta）、イエロー（Y；Yellow）の3色のこと。この3つの色を混ぜ合わせ

ることで、さまざまな色が生み出される。色の三原色は、混ぜると暗くなり、すべてを混ぜると理論上は黒になる。これを**減法混色**という。インクの組み合わせで色を表現するプリンタなどは、色の三原色であるCMYの減法混色を利用している。ただし、現実には色の三原色を混ぜても真っ黒にはならないため、黒（ブラック）のインクを加えた4色を用いるプリンタが一般的。

RGB　アールジービー　★★
→光の三原色

色の三属性　★
色は、色合いを示す**色相**、明るさを示す**明度**、鮮やかさを示す**彩度**の3属性で表せる。色相は同じ赤でも、明度や彩度が異なれば違う色になる。コンピュータ上で画像を編集・加工する画像処理ソフトウェアの多くは、色相、彩度、明度の3属性でも色を指定できるようになっている。

明度　★★
色の明るさの度合い。明度の違いによって、明るい赤や暗い赤などの違いが生まれる。色の三属性の1つ。

彩度さいど　★★
色の鮮やかさのこと。彩度が高ければ色は鮮やかになり、低ければくすむ。色の三属性の1つ。

色相しきそう　★★
赤や青、緑といった色合いのこと。色の三属性の1つ。我々が言葉で色を表現する際は、色合いを指すことが多い。

色相環しきそうかん　★★★
赤→橙だい→黄→緑→青→紫→赤のように連続する色相の変化を円の形に配置し、類似色によってつながるようにしたもの。円の向かい側は、正反対の色と位置づけられる**補色**になる。色相環には、色数や並べる色によって複数のパターンがある。

補色　★★
色相環において正反対の位置にある色。反対色ともいわれる。例えば赤の補色は青緑、青の補色は橙だいになる。一般に、補色を組み合わせて使うと互いの色を引き立たせる効果があるとされる。光の三原色と色の三原色は、互いに補色の関係にある。

加法混色　★★★
光の三原色である赤（R；red）、緑（G；green）、青（B；blue）の3色を混ぜ合わせて色を生み出す手法。例えば、赤と緑を混ぜれば黄、赤と青を混ぜれば赤紫になり、すべての色を混ぜると白になる。テレビやディスプレイなど光の組み合わせで色を表現する機器で用いられる。

減法混色　★★
色の三原色であるシアン（C；Cyan）、マゼンタ（M；Magenta）、イエロー（Y；Yellow）の3色を混ぜ合わせて色を生み出す手法。例えば、シアンとマゼンタを混ぜれば青、マゼンタとイエローを混ぜれば赤になり、すべての色を混ぜると理論上は黒になる。プリンタなどイン

クの組み合わせで色を表現する機器で用いられる。

CMYK シーエムワイケー ★★

色の三原色であるシアン（C：Cyan）、マゼンタ（M：Magenta）、イエロー（Y：Yellow）の3色に、黒（K）を加えた4色のこと。黒は、印刷工程において文字や輪郭などをくっきり見せるための版＝Key Plateで使われることから「K」で表される。理論上は、色の三原色をすべて混ぜると黒になるはずだが、現実の印刷では真っ黒にはならないため、黒のインクを加えた4色を用いるのが一般的となっている。

階調　★★★★★

コンピュータで色を表現する際の、色の変化の滑らかさを示す数字。例えば白黒の2階調では白と黒だけで表現しなければならないが、10階調あれば白と黒の間に8段階の明るさを持つ灰色を表現できることになる。カラー画像の場合は光の三原色である赤（R）、緑（G）、青（B）がそれぞれ何階調あるかで表現できる色数が変わる。それぞれが2階調ならば表現できる色の組み合わせは2×2×2＝8通り、つまり8色になる。各色に2ビットを割り当てると2の2乗×2の2乗×2の2乗＝64色、4ビットだと2の4乗×2の4乗×2の4乗＝4096色、8ビットだと2の8乗×2の8乗×2の8乗＝1677万7216色の表示が可能になる。

24ビットフルカラー　★

コンピュータで色を表現する際、1画素あたり24ビットの情報量で最大1677万7216色を生み出す手法。ディスプレイは赤（R）、緑（G）、青（B）の光の強さを調整して色を表示するが、24ビットカラーではRGBの3色がそれぞれ8ビットの情報量を持つ。8ビットで2の8乗＝256段階（0〜255）の階調を持てるので、RGBの3色で256×256×256＝1677万7216色を表現できることになる。これは人間の視覚が識別できる上限とされており、フルカラー（full color）またはトゥルーカラー（true color）とも呼ぶ。

フルカラー　★
→24ビットフルカラー

解像度　★★★★★

画像のきめ細かさや画質の滑らかさを示す尺度。本来は、単位面積当たりの画素数を指す。ディスプレイの表示能力、プリンタの印刷能力、スキャナの分解能力、画像全体の画素数なども解像度と呼ぶ。ディスプレイでは画面の横方向と縦方向の表示画像数を指す。同じ画面サイズなら、解像度が高いほど精細な表示になる。プリンタでは1インチ幅に印刷できる点の数を指し、スキャナでは画像をどこまで細かく読み取れるかという性能を指す。

画素　★★★★★

画像データを構成する最小単位の点。ピクセルやドットともいう。画像の大きさやディスプレイの表示サイズは、横の画素数×縦の画素数を用いて表すのが一般的で、1920×1080ピクセル（ドット）などと表現する。カラー画像であれば、画素ごとに決められたビッ

ト数で、赤（R）、緑（G）、青（B）などの色情報を持つ。デジタルカメラが搭載する CCD などの撮像素子は、画素単位で光をデータに変換する。一般に、撮像素子の画素数が多いほど、撮影される写真のサイズが大きくなり、画質も高くなる。

●映像の解像度例

画質	解像度
SD	720×480画素
HD	1280×720画素
フルHD	1920×1080画素
4K	3840×2160画素
8K	7680×4320画素

ドット　★★
→画素

ピクセル　★★★★
→画素

dpi ディーピーアイ　★★
　画像データやディスプレイ表示、印刷などのきめ細やかさを表す単位。「dots per inch」の略で、1インチ（2.54cm）幅に並べられる画素（ドット）の数で表す。この数字が大きいほど、より精細な表現ができる。画素をピクセルと呼ぶことから、「pixels per inch」を略した ppi と表現することもある。

ppi ピーピーアイ　★★
→ dpi

ジャギー　★
　デジタルの画像や文字などで、解像度が足りないことにより生じるギザギザを指す。ラスタ形式の画像や文字（ビットマップフォント）を100%以上に拡大したときなどに発生する。ジャギーをできるだけ滑らかに表示する技術として、スムージングやアンチエイリアシングなどがある。なお、ベクタ形式の図形や文字は、拡大してもジャギーが発生しない。

BMP ビーエムピー　★★
　画像を扱うファイル形式の1つ。拡張子は「bmp」で、ビットマップ（bitmap）とも呼ぶ。画像を点の集まりとして表現しており、通常は圧縮されないので画像の劣化がない半面、ファイルサイズは大きい。

ビットマップデータ　★★
　画像や文字を点の集まりとして表現するデータ。ラスタデータともいう。
→ラスタ形式

JPEG ジェイペグ　★★★
　画像を扱うファイル形式の1つ。拡張子は通常「jpg」で、写真画像などの保存に向く。デジタルカメラが採用する標準的な画像ファイル形式であり、Web ページに掲載する写真画像などにも利用される。フルカラーで表現しつつデータを

圧縮することでファイルサイズを抑える。ただし圧縮率によっては画質が劣化し、また**非可逆圧縮**であるため完全には元に戻せない。

GIF ジフ ★★

画像を扱うファイル形式の1つ。拡張子は「gif」。256色までしか表現できないので写真などには向かないが、その分ファイルサイズを抑えられるため、Webページに掲載するボタンや装飾などに利用されることが多い。複数のフレームで短い動画にできる「アニメーション GIF」、特定の色を透過色にできる「透過 GIF」などもある。

PNG ピング ★

画像を扱うファイル形式の1つ。拡張子は「png」。インターネットでの画像表示用として開発された。フルカラーの画像を劣化することなく圧縮することができ、1画素あたり最大48ビットまで表現できるため、写真画像にも向く。

画像処理ソフトウェア ★

コンピュータ上で画像を作成・編集するためのソフトウェア。主にラスタ形式で画像を扱うペイント系ソフトウェアと、ベクタ形式で画像を扱うドロー系ソフトウェアがある。ペイント系ソフトウェアのうち、特に写真の修整や加工を目的としたものをフォトレタッチソフトウェアともいう。

トリミング ★★

不要な部分を切り取って整えること。画像の編集では、周辺部分を切り取って構図を整える作業を指す。動画の編集では、必要な場面の前後にある不要な時間を削除して、動画を短くすることを指す。

レイヤー ★★

レイヤー（layer）は英語で「層」の意味。画像処理ソフトウェアでは、画像を複数の層（レイヤー）に分けて重ねて表示する機能を備えるものが多い。画像を作成するときに、1枚のレイヤーにすべての情報を書き込むのではなく、部分ごとの画像や補正の処理を異なるレイヤーに分け、必要に応じて重ねて表示する。それにより、部分ごとの変更や処理が容易になり、目的に応じて表示／非表示を簡単に切り替えたりできる。例えば、人物と背景を別のレイヤーに描いておけば、背景を書き換えることなく、人物の位置を動かしたり、別の人物に変更したりできる。

Web ウェブ セーフカラー ★★

OS（基本ソフトウェア）などの環境に関係なく、Web ブラウザで正しく表示できるとされる色の集まり。216色あり、HTMLでは「#FF9900」のように16進数で表す。Web ブラウザは Web ページを表示する際、システムパレットの色を参照する。このとき、システムパレットにない色があると、Web サイト制作者が意図したものと違う色に見えることがある。そこで、OS や Web ブラウザが違っても同じ色に見える Web セーフカラーが規定されている。

ドロー系ソフトウェア ★★★

画像を作成・編集するソフトウェアのうち、主にベクタ形式で画像を扱うものをいう。画像を、点と

それを結ぶ線や面で表現する。設計や製図に用いる CAD ソフトウェアもこれに含まれる。

ペイント系ソフトウェア　★★★

画像を作成・編集するソフトウェアのうち、主にラスタ形式で画像を扱うものをいう。画像を、色情報を持った点の集まりとして表現する。特に写真の修整や加工を目的としたものをフォトレタッチソフトウェアともいう。

ベクタグラフィックス　★

ベクタ形式で表現された画像や図形のこと。

ベクタ形式　★★

画像を、点とそれを結ぶ線や面で表現する形式。ベクトル形式あるいはドロー形式とも呼ばれる。ドロー系ソフトウェアではベクタ形式で画像を表現する。EPS、SVG などの画像形式で使用されている。文字データにもベクタ形式のものがあり、「ベクタフォント」や「アウトラインフォント」と呼ばれる。ベクタ形式の画像や文字は、拡大してもギザギザ（ジャギー）が生じない。大きくしてもデータ量があまり変わらないのも利点。

ベクタデータ　★
→ベクタ形式

ラスタグラフィックス　★

ラスタ形式で表現された画像や図形のこと。

●ラスタ形式とベクタ形式

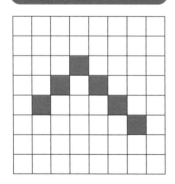

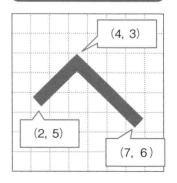

ラスタ形式　★★

画像を、色情報を持った点の集まりとして表現する形式。ビットマップ形式ともいわれる。ペイン

ト系ソフトウェアではラスタ形式で画像を表現する。BMP、GIF、JPEG、PNG、TIFF などの画像形式で使用されている。文字デー

タにもラスタ形式のものがあり、「ビットマップフォント」と呼ばれる。ラスタ形式の画像や文字は、拡大するとギザギザ（ジャギー）が生じる。

ラスタデータ　★★
→ラスタ形式

CAD ^{キャド}　★

コンピュータを利用した設計や製図のことで、「Computer Aided Design」の略。マウスの操作で2次元や3次元の画像を作成でき、手描き図面より修正や複製が簡単になる。色や階層の表示、記号登録、拡大縮小などの機能を利用できる。機械、電気、建築など、それぞれの分野に専門の機能を備えたCADソフトウェアが利用される。CADデータから製造システム用のデータを作成できるようにし、設計から製造までを一本化したシステムもある。

動画　★★

一般にビデオなどといわれる動きのある映像を、コンピュータ上では「動画」と呼ぶことが多い。AVI、MPEG-4などの形式があり、ファイルとして保存・再生するものや、インターネット経由でストリーミング配信されるものがある。ストリーミング配信の場合、データをすべてダウンロードするのを待たずに順次再生し、かつ再生が終わるとデータは破棄される。

フレーム　★★★

少しずつ変化させた静止画を何枚も続けて素早く表示すると、連続した動きに見える。これが動画の基本的な原理だが、その1枚1枚の静止画を「フレーム」と呼ぶ。1秒間に何コマの静止画像で構成されるかをフレームレートといい、単位はfps（フレーム／秒）で表す。

フレームレート　★★★★

動画が、1秒間に何コマの静止画像で構成されるかを表す指標。単位にはfps（フレーム／秒）が用いられる。フレームレートの値が大きいほど、滑らかな動きの映像となる。

fps ^{エフピーエス}　★★★
→フレームレート

AVI ^{エーブイアイ}　★

動画のファイル形式の1つ。拡張子は「avi」。AVIファイルに格納される動画データの圧縮方法（コーデック）にはいくつかの種類があり、MPEG-4やH.264などが利用されることが多い。Windowsの標準動画形式として古くから使われている。

MP4 ^{エムピーフォー}　★

動画のファイル形式の1つ。拡張子は「mp4」。MP4ファイルに格納される動画データの圧縮方法（コーデック）にはいくつかの種類があり、MPEG-4やH.264などが利用されることが多い。AVI形式の動画よりも高画質とされ、特にネットワーク上でのやり取りに多く用いられている。

コーデック　★★

音声や映像をコンピュータで取り扱うためには、データを符号化（エンコード）する必要がある。そ

して、再生時には符号化したデータを復号（デコード）して音声や映像に戻す。この符号化と復号の手順を取り決めたものがコーデック。音声や映像ではデータ量が膨大になるため、圧縮して容量を小さくして保存するのが一般的だが、圧縮に使うコーデックによって、圧縮後のデータサイズも変化する。音声用のコーデックとして MP3、AAC、WMA など、映像用のコーデックとして MPEG-4、H.264 などがある。

MPEG　エムペグ　★★★

動画を記録・圧縮する際の映像コーデックの規格。フレーム間の変化情報を利用し、前後で重複する情報を省いて圧縮する。複数の規格があり、MPEG-1 は低画質だが処理が簡単であり、ビデオ CD などで利用された。MPEG-2 は DVD ビデオなどに利用されている。MPEG-4 はネットワークでの利用などを対象にしており、ファイルサイズが小さい。ブルーレイディスクが採用する動画圧縮形式 H.264/MPEG-4 AVC は、MPEG-4 を基に策定された。

MPEG-4　エムペグ フォー　★

動画ファイルなどで利用されている映像コーデック。MPEG の規格の中で、ネットワークでの利用などを想定して開発された。解像度やフレームレートは可変で、高圧縮率かつ高画質な動画形式として普及している。

H.264　エイチ にろくよん　★

動画ファイルなどで利用されている映像コーデック。MPEG-4 規格の中で標準化されたことにより、MPEG-4 AVC などとも呼ばれる。MPEG-4 より圧縮率が高く、低ビットレートで使用する携帯機器向けの動画などに向く。

動画編集ソフトウェア　★

動画を編集するためのソフトウェア。動画から不要な場面を切り取って短くしたり、複数の動画素材や静止画を連結したりできる。場面の転換時に切り替えの効果を設定する、タイトルやテロップの文字を挿入する、効果音やナレーションを加えるなどの機能を備える。タイムラインと呼ばれる横長の時間軸に素材を並べて編集するタイプが多い。

5.　メディアとコミュニケーション

コミュニケーション　★★★★

人と人との間で行われる意思の疎通や情報の伝達・共有のこと。情報社会においては、会話による直接的なコミュニケーションのほか、手紙、電話、電子メール、SNS（ソーシャルメディア）などコミュニケーションの手段が多様化している。その形態についても **1対1、1対多、多対1、多対多** などに分類でき、やり取りがリアルタイムで行われる「同期」型のものと、

それぞれが都合の良い時間に情報を送受信する「非同期」型のものに分けられる。

マスコミュニケーション　★★
不特定多数の人々に情報を伝達すること。「マス（mass）」は「大衆、集団」の意味。マスコミュニケーションを担うテレビ、ラジオ、新聞、雑誌などのメディア（媒体）をマスメディアと呼び、これを指して「マスコミ」と呼ぶことも多い。マスメディアは基本的に、発信者から多数の受信者に対して一方向の情報伝達を行う。これに対し、電話や手紙、電子メール、SNSなどは双方向の情報伝達が可能である。

1対1型　★★
→個別型

個別型　★
コミュニケーション形態の1分類。情報の送り手と受け手が1対1の関係にあり、**1対1型**ともいう。2人きりの会話、手紙や電話は個別型であり、ほかの人には知られずに秘密性の高いコミュニケーションが行える。電子メールやSNSのメッセージでも個別型のコミュニケーションは可能である。

1対多型　★★
→マスコミ型

マスコミ型　★★
コミュニケーション形態の1分類。テレビや新聞といった1つの発信元が、視聴者や購読者といった多数の人々に対して情報を伝達する形態であり、情報の送り手と受け手が1対多の関係にあるため**1対多型**ともいう。マスメディアによる情報発信（マスコミュニケーション）が代表例で、インターネットのWebページを通じた情報公開もこれに相当する。

多対多型　★
→会議型

会議型　★
コミュニケーション形態の1分類。多数の参加者がそれぞれ自由に発言して議論を進める会議の場のように、多数の人が対等の立場で発信し合い、情報を共有する形態。**多対多型**ともいう。不特定多数の人がコメントを書き込むインターネット上の掲示板や、SNSのグループなどもこれに相当する。

多対1型　★
→逆マスコミ型

逆マスコミ型　★
コミュニケーション形態の1分類。多数の人が情報を提供し、それを受信する形態であり**多対1型**ともいう。アンケート調査などがこれに相当する。

ARPANET　アーパネット　★★
米国防総省の高等研究計画局（ARPA：Advanced Research Projects Agency）が1960年代末に構築したデータ通信網。軍事研究用のコンピュータネットワークであったが、早い時期から一般の研究者にも利用が認められ、インターネットの標準プロトコルになったTCP/IPなど、コンピュータ間通信に関するさまざまな実験

が試みられた。インターネットの基幹技術は、このネットワーク上での研究開発で誕生した。

インターネット　★★★★

世界規模の通信ネットワーク。大学や研究機関がそれぞれのサーバ／コンピュータを相互に接続していった結果、ローカルなネットワーク同士が接続され、世界を網羅する巨大なネットワークに成長した。接続に使用される通信プロトコルは TCP/IP が主流。インターネット上で利用できる主なサービスとして Web や電子メールなどがある。インターネットを利用するには、インターネットを構成するサーバのいずれかに接続する必要がある。

スマートフォン　★★

電話や電子メールに加えて、インターネットと連携した各種機能を利用できる携帯電話端末のこと。「スマホ」と略される。アップルの「iPhone」が登場して以降、物理的な数字キーを省いて、ほぼ全面がディスプレイになっている板状の端末が主流になった。アップルが OS（基本ソフトウェア）を含めて開発している iPhone シリーズと、グーグルが開発する OS「Android」を採用した各社の端末に大別される。カメラを内蔵し、写真や動画の撮影機能が充実した製品が多い。

電子メール　★★★★★

インターネットなどの通信ネットワークを介してやり取りするコミュニケーション手段の１つ。単に「メール」ともいうが、通常の郵便物と区別するために「e メール（e-mail）」と呼んで区別する場合もある。文字（テキスト）が主体となるが、写真や文書などのファイルを添付することも可能。宛先は電子メールアドレスで指定し、複数の宛先に同時に送信することもできる。

メール　★★

→電子メール

CC シーシー　★★

電子メール送信時に宛先のメールアドレスを指定する方法の１つ。メールの宛先を指定する欄には、「To」「CC」「BCC」の３種類がある。一般に、直接の相手を「To」（宛先）欄に指定し、その情報を共有したい相手を「CC」欄や「BCC」欄に指定する。「CC」欄で指定した場合は、ほかの受信者にもその人に送信されていることが分かる。つまり、誰に情報が共有されたかが分かる。なお「CC」は「carbon copy」の略で、「複写した控え」の意味。もともとは２枚綴りの紙の帳票などで、１枚目に書いた内容が裏面のカーボンによって２枚目に複写される仕組みのことを指す。

BCC ビーシーシー　★★★

電子メール送信時に宛先のメールアドレスを指定する方法の１つ。メールの宛先を指定する欄には、「To」「CC」「BCC」の３種類がある。一般に、直接の相手を「To」（宛先）欄に指定し、その情報を共有したい相手を「CC」欄や「BCC」欄に指定する。「BCC」欄で指定したメールアドレスは、受信者のメール画面に表示されない。つまり、「BCC」欄で指定さ

れた受信者を、ほかの受信者は知ることができない。「BCC」は「blind carbon copy」の略で、「見えないように複写した控え」の意味。

●CCとBCC

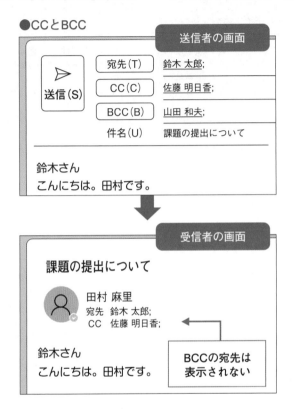

送信者の画面

送信(S)	宛先(T)	鈴木 太郎;
	CC(C)	佐藤 明日香;
	BCC(B)	山田 和夫;
	件名(U)	課題の提出について

鈴木さん
こんにちは。田村です。

受信者の画面

課題の提出について

田村 麻里
宛先　鈴木 太郎;
　CC　佐藤 明日香;

鈴木さん
こんにちは。田村です。

BCCの宛先は
表示されない

添付ファイル　★

　電子メールには、本文のメッセージとは別に、写真や文書などのファイルを添付して送る機能がある。そのファイルを一般に「添付ファイル」と呼ぶ。添付ファイルは複数を添付することも可能だが、ファイルの容量が大きいと、メールの送受信に時間がかかったり、サーバが許容する容量を超えてしまうことがあるので注意が必要。

　また、悪意のある攻撃者が添付ファイルにウイルスを仕込んで送り付けてくる場合もあるので、不審なメールの添付ファイルを不用意に開いてはいけない。

メーリングリスト　★★

　電子メールで、登録メンバー全員に同じ内容のメールを送るサービスのこと。職場やプロジェクトごとの情報共有や、特定のグループ

での情報交換などに使われる。

ブログ　★★

定型的なデザインのコンテンツを時系列で掲載していく Web サイト。もともとは「ウェブログ（weblog）」の略語で「Web 上に残される記録（ログ）」といった意味を持つ。

ツイッター　★

“つぶやき”のような短い文章の投稿を主目的にした SNS。米エックス社が提供するインターネット上のサービスで、2023 年 7 月に名称が「ツイッター（Twitter）」から「エックス（X）」へと変更された。1 回の投稿は全角 140 文字（半角 280 文字）という文字数の制限があることが特徴。写真や動画を添付して投稿することもできる。著名人や官公庁、企業、マスメディアなどによる投稿も多く、情報の拡散やマーケティングの手段として用いられることが少なくない。ほかのユーザを「フォロー」することでつながり、「いいね」を押すことで同意や賞賛の意思を伝えられる。有料会員になると、投稿できる文字数や動画の長さなどが拡大される。

チャット　★

ネットワーク経由で文字などをリアルタイムでやり取りするコミュニケーションサービスのこと。「chat」は英語で「おしゃべり、雑談」を意味し、電子メールよりも即時的で手軽なコミュニケーションに使われる。1 対 1 でも、複数人の間でも利用可能。最近のチャットサービスは、個々のメッセージを吹き出しの形で表示するものが多い。

動画共有サイト　★

インターネット上のサーバに動画をアップロードして、特定のメンバーあるいは不特定多数の人々に対して公開するための Web サイト。グーグルが運営する「YouTube（ユーチューブ）」が代表例。公開されている動画に対して感想や意見などを書き込めるサービスが多く、動画を中心につながる SNS と位置づけることもできる。また、動画を通じて情報を広く伝達するという意味で、ソーシャルメディアと呼ばれることもある。動画ページや動画内に広告を表示することで、収入を得られる場合もある。

テレビ会議　★★

離れた場所にいる参加者の映像をネットワーク経由でテレビやディスプレイに映し出して行う会議。以前は専用のテレビ会議システムが必要だったが、近年は Web カメラを搭載するパソコンやスマートフォンでも、インターネット経由で手軽に実施できるようになっている。「ビデオ会議」や「オンライン会議」ともいう。

e ラーニング　★

コンピュータの画面に表示される教材を使って学習すること、またはその教材。紙の教材と異なり、映像や音声を交えた教材を提供できるほか、テスト・採点の機能などインタラクティブな教材も実現できるため、学習効果を高められる。ネットワーク経由で教材を提供するケースも多い。

絵文字　★

コンピュータやスマートフォンなどで、文字の代わりに人の表情や姿、物や動物などの絵柄を入力・表示する機能。もともと日本の携帯電話で利用されていたものが世界的に利用されるようになった。英語でも「emoji」と呼ばれる。ただし表示する機器やソフトウェアによっては、同じ絵文字を表示できないケースもある。以前は機器やソフトウェアによって異なる絵文字が表示されたり文字化けしたりすることがあったが、2010年以降はUnicodeによる標準化が進

んだ。ただし、細かいデザインは環境によって異なる。

顔文字　★★

記号を組み合わせて人の表情を表した文字列。メールなどのテキストメッセージにおいて、主に感情を表すときに用いる。「(^^ゞ」や「`(*>﹏<*)´」といったものがあり、海外では「:-)」など、横に倒れた顔のものが多い。絵文字と異なり、テキストデータだけでやり取りできるのが利点。**文字化け**することが少なく、環境が異なっても同じ表示になる可能性が高い。

6. 情報デザイン

情報デザイン　★★★★

必要な情報を正しく的確に伝えるために、情報を分かりやすく整理して提示する手段や手法のこと。例えば、物事の関係性を図で示したり、数量の違いを明確にするためにグラフ化したり、論理的な構成をとった分かりやすい文章を書いたりすることが挙げられる。単に視覚的な美しさのみならず、情報の得やすさや活用のしやすさといった観点も重視される。例えば、情報機器のボタンやメニューが利用者に分かりやすいか、操作しやすいかといったことも情報デザインの一部。さらに、受け手の状況（年齢、言語、障がいの有無など）に応じた適切な方法を選択することも求められる。多くの人に伝わるだけでなく、特定の人に伝わる工夫が必要な場合もある。

抽象化　★★★

現実の具体的な事物の中から、本質的な要素、あるいは特定の目的に対して必要な要素だけを取り出して、一般的な概念や表現に集約すること。例えば地図は、目印となる建物や進むべき道路など必要な要素だけを現実から抜き出し、記号的な表現によって抽象化したものといえる。非常口のマークなどの**ピクトグラム**や、ソフトウェアのメニューやボタンに描かれた機能を示す**アイコン**なども抽象化の例である。

可視化　★★★

数量の大小や変化、物事の関係性などを明確にするために、表やグラフ、図などにまとめること。「視覚化」と呼ばれることもある。例えば、数量の大小は棒グラフにす

ると棒の高さの違いで一目瞭然になる。数量の変化は折れ線グラフにすることで増加傾向にあるのか減少傾向にあるのかを把握しやすくなる。作業の流れといった物事の順番や分岐の構造は**フローチャート**を描くことでより分かりやすくなる。

構造化　★★★

情報を一定の基準を用いて整理し、その情報同士を結び付けて関係性が分かるようにすること。整理する際の基準としては、位置（場所）、アルファベット（50音）、時間、カテゴリ（分類）、階層（評価の高低など）がある。この５つはリチャード・ソール・ワーマンが提唱したもので、「究極の５個の帽子掛け」といわれる。文書や資料を作成する際に、章や節を適切に分けたり、タイトルや文章、図版を見やすくレイアウトしたりすることも構造化と呼ばれる。

ピクトグラム　★★★★

特定の情報や注意を伝えるために用いられる視覚記号（サイン）の一種。情報を抽象化し、単純な絵柄と色で表現するものが多い。非常口やトイレのマーク、交通標識などが代表例。言語や文化によらず、誰でも意味が分かるように工夫されている。

インフォグラフィックス　★

イラストや図解、表やグラフなどを使って情報を視覚的に表現したもの。地図や路線図、ピクトグラムなども含まれる。情報を分かりやすく伝えるために、さまざまな可視化の手法を組み合わせて描か

れていることが多い。シンプルで分かりやすく、注目されて記憶に残りやすい表現が好まれ、特にマスメディアや広告で多用される。

ロゴタイプ　★

企業や組織などが、その名前や商品名を表す文字をデザイン化したもの。企業や組織のブランドイメージを形づくる。文字ではなく図や記号を用いたものを「ロゴマーク」という。

グラフ　★★

数量の大小や変化を可視化する手法の１つ。棒グラフ、折れ線グラフ、円グラフが代表的だが、散布図、バブルチャート、箱ひげ図、ヒストグラムなど多様な種類があり、取り扱うデータや目的に応じて適切なグラフを選ぶ必要がある。

レイアウト　★★

配置、割り付けの意味。情報を分かりやすく提示するためには、文字や図表を適切に配置する必要がある。タイトルの位置や大きさ、文章の字下げ（インデント）など、レイアウトの工夫によっても、情報の構造や階層、重要度の高低などを示すことができる。

等幅フォント　★★

文字の形状に関係なくそれぞれの文字を等幅で表示するフォント。半角文字は全角文字の半分の幅になる。

プロポーショナルフォント　★★

文字の間隔を自動調整してバランス良く並ぶようにデザインされたフォント。アルファベットの「i」

や「l」などのように幅が狭い文字と、「m」や「w」のように幅が広い文字をそれぞれ同じ文字幅で並べると、文字間隔が開きすぎたり詰まりすぎたりする場合があるため、文字ごとに間隔を調節する。日本語の場合は漢字もひらがなも基本的に文字幅が一定だが、文字同士の間隔を調整するカーニング処理を行う場合もある。

ゴシック体　★★

フォントの基本的な字形の1つ。文字全体がほぼ均一な太さの線で構成される。主に見出しや強調したい文字などに使われることが多い。

明朝(みんちょう)体　★★

フォントの基本的な字形の1つ。全体的に縦方向の線は太く、横方向の線は細くなっていて、毛筆で書いたような見た目を持つ。主に新聞や雑誌などの本文で使われることが多い。

アクセシビリティ　★★★★

情報やサービスに対するアクセスのしやすさ。身体の機能に制約のある人を含め、提供される情報が誰に対しても適切に伝わるような仕組みや手法が求められる。例えばWebページのアクセシビリティを高める工夫として、必要に応じて文字の大きさや配色を変更できたり、文章を音声で読み上げる機能を提供したりすることが求められる。

バリアフリー　★★★

「バリア（障壁）をなくす」という意味で、一般には、エレベーターやスロープの設置など、障がいを持つ人や高齢者などが社会生活を営む上で障壁となるものを物理的に取り除くことをいう。一方、コンピュータやインターネットなどの情報通信分野でも、障がい者や高齢者、あるいは情報機器の操作に不慣れな人々が等しく情報を得られるようなデザインやインタフェースを実現することが大切で、そのような考え方を「情報バリアフリー」と呼ぶ。

ユニバーサルデザイン　★★★★

文化の違いや年齢・性別による差異、障がいの有無などを問わず、誰でも容易に利用できることを目指したデザイン。情報機器の場合、ボタンを大きくしたりアイコンを活用したりすることで、操作方法を分かりやすくし、また操作しやすくする取り組みなどがある。

ユニバーサルデザインフォント　★

誰にとっても読みやすいようにデザインされたフォント。遠くからでも見やすく、判読しやすいように工夫されている。「UDフォント」ともいう。

アフォーダンス　★★

イスに対して人は「座る」という行動を取るように、事物はその形状や機能によって、人や動物に、ある行動の可能性を与える。アフォーダンスは、そのように環境が人や動物に与える意味や関係性を表す概念。転じてデザインの分野では、それをどのように扱えばよいかを直感的に示すものをアフォーダンス、またはシグニファイアと呼ぶ。例えば、ドアにドアノブが付いて

いれば、それは引き戸ではなく、ドアノブを回して押すか引くかするものと認識される。そのような効果をもたらす要素をデザインに盛り込み、利用者が自然に使い方が分かるようなデザインが望ましいと考えられる。

シグニファイア　★★★

「指し示すもの」「意味するもの」といった意味を持つ言葉で、デザインの分野では、それをどのように扱えばよいかを直感的に示す手がかりとなるものを表す。例えばWebページであれば、他の文字と異なる色になっていて下線が引いてあればリンクになっていると認識されやすい。情報機器やソフトウェア、Webページなどのユーザインタフェースを設計する際には、シグニファイアを効果的に用いて、誰もが迷うことなく扱えるようにボタンやメニューなどのデザインを工夫する必要がある。

カラーバリアフリー　★

色の識別が困難な状況でも情報が正しく伝わるように配色やデザインを工夫すること。色の見え方や感じ方には個人差があり、色覚に障がいがある人もいる。またディスプレイの性能や周囲の明るさなどによっても色の見え方は変わる。そのため、色が見分けにくい状況でも違いが分かるようにしたり、色覚に障がいのある人にも見やすい色使いにするなどの工夫が求められる。「カラーユニバーサルデザイン」とも呼ぶ。

ユーザビリティ　★★★★

情報機器やソフトウェア、Webページなどの操作性や使い勝手のこと。メーカーが製品を開発する際は、試作品を複数のユーザに試用させることで、ユーザビリティを向上させる取り組みなどが行われる。

ユーザインタフェース　★★★

インタフェース（interface）は、「接触面、接点」などの意味を持つ言葉。ユーザインタフェースは、人と機械（特に情報機器）の接点となる画面表示や操作に使う機器、その操作体系などを指す。コンピュータであれば、マウスやキーボードなどの入力機器、ディスプレイなどの表示機器のほか、画面上に表示されるボタンやメニュー、音声入力などのソフトウェアも含まれる。「UI」と訳されることもあり、文字でコンピュータを操作するユーザインタフェースをCUI（Character User Interface）、画面上に表示されたボタンやメニューをマウスで操作するユーザインタフェースをGUI（Graphical User Interface）と呼ぶ。

ユーザエクスペリエンス　★★

情報機器やソフトウェアを利用することで利用者が得られる体験のこと。「ユーザ体験」ともいい、利用者の心理的影響を含めて考えられることが多い。一般に「UX」と略される。ユーザインタフェース（UI）が機器などの見た目や操作体系を表すのに対し、UXはUIを通じて得られる利便性や満足感などの体験全体を指す。機器やソフトウェアを設計・提供する際は、UIを改善してUXを高めることが求められる。

7. デザインの進め方とツール

アウトライン　★
　もともとは「輪郭」を表す言葉で、「概要、概略」の意味を持つ。文書を作成するときは全体の構成や章立てなどを検討するが、構成要素となる大項目や中項目、小項目などを見出しだけピックアップした一覧を「アウトライン」と呼ぶこともある。文書処理ソフトウェアには、文書のアウトラインを表示して構成を検討したり整理したりする機能を備えるものがある。

頭括式　★
　文章を構成する手法の1つ。結論を先に示した後で、その理由や根拠を説明する。**演繹型**ともいう。

演繹型　★
　→頭括式

尾括式　★
　文章を構成する手法の1つ。理由や根拠を先に示した後で、結論を述べる。**帰納型**ともいう。

帰納型　★
　→尾括式

双括式　★
　文章を構成する手法の1つ。結論を先に示した後で、その理由や根拠を説明し、最後に再び結論を述べる。

ワードプロセッサ　★★
　文書を作成・編集するためのハードウェアやソフトウェアを指し、一般に「ワープロ」と略す。パソコンが普及する以前は、キーボードと印刷機を兼ね備えたハードウェアが「ワープロ」と呼ばれ、多くの専用機が販売されていた。パソコンが普及してからは、マイクロソフトの「Word」やジャストシステムの「一太郎」といった文書処理ソフトウェアに取って代わられ、パソコン上で文書を作成・表示し、別途接続したプリンタで印刷するようになった。文字を入力するだけでなく、表やグラフ、図や写真などを挿入する機能も備え、デザインに富んだ文書を作成できる。

文書処理ソフトウェア　★
　→ワードプロセッサ

ヘッダ　★
　文書の先頭（ページの上端）に付加する情報のこと。一般に作成日や作成者、タイトルなどの情報を入れることが多い。文書処理ソフトウェアの場合、文書本体とヘッダが分離されており、各ページに共通で印刷する内容をヘッダに指定できる。電子メールなどでは、送信するデータの先頭に付加される情報を指す場合もある。

フッタ　★
　文書の末尾（ページの下端）に付加する情報のこと。一般にページ番号などの情報を入れることが多い。文書処理ソフトウェアの場合、文書本体とフッタが分離されており、

各ページに共通で印刷する内容を
フッタに指定できる。

インデント　★

文書処理ソフトウェアなどが備え
る「字下げ」の機能のこと。1文
字分ずつスペース（空白）を入力
して位置をずらさなくても、文書
中の特定範囲の行だけ、左端の位
置を変更して文字を入力・表示し
始めることができる。

DTP ディーティーピー　★★

コンピュータ上で出版物の内容を
作成すること。「デスクトップパブ
リッシング（Desktop Publishing）」
の略。具体的には、文章の編集、
図版の作成、レイアウト、版下作
成などの作業を行う。

プレゼンテーション　★★★★★

会議などの場で、参加メンバーや
聴衆に対して、提案や発表などを
行うこと。「プレゼン」と略され
ることが多い。

プレゼンテーションソフトウェア　★★

プレゼンテーション時に、要旨や
資料をまとめたスライドをスク
リーンに投影する機能を備えたソ
フトウェア。投影するスライドの
作成機能も備える。マイクロソフ
トの「PowerPoint」やアップルの
「Keynote」が代表的な製品。

スライド　★★

プレゼンテーション時にスクリー
ンに投影する、1枚ごとの説明用
画面のこと。プレゼンテーション
ソフトウェアでは、スライドを基
本単位として説明の要旨や資料を
まとめる。そのスライドをスク
リーンに投影し、話の流れに沿っ
て1枚ずつめくって説明を進める。

スライドマスター　★

プレゼンテーションソフトウェア
において、スライドの背景や文字
書式などを決めるデザインテンプ
レート（ひな型）のような役割を
果たすスライドのこと。スライド
マスターに変更を加えれば、すべ
てのスライドに同じ変更が適用さ
れる。「マスタースライド」とも
いう。

プロジェクタ　★★

映像をスクリーンに投影して表示
する装置。パソコンの画面などを
投影するのに向くデータプロジェ
クタと、映画などの映像コンテン
ツに向くホームプロジェクタがあ
る。光を投射して映像を映し出す
ため、明るい場所では見えにくく
なるなどの短所はあるが、ディス
プレイよりも大きなサイズに投影
できる。明るさはlm（ルーメン）
という単位で表し、数値が大きい
ほど明るい光で投影できる。

表計算ソフトウェア　★★★

計算や作表を主な目的とするソフ
トウェア。「スプレッドシート」と
もいう。マイクロソフトの「Excel」
が代表的な製品。画面が縦横の枠
線で区切られていて、1つひとつ
のマス目を**セル**と呼ぶ。セルに文
字や数値を入力していけば、その
まま表の形になるのが特徴。セル
に数式や関数を入力することで、
さまざまな計算やデータ処理が行
える。グラフ作成やデータベース
としての機能も充実しており、見

積書や請求書、財務シミュレーション、事業計画、報告書、企画書など幅広い用途で使われる。

セル　★

　表計算ソフトウェアの画面に表示された1つひとつのマス目のこと。表計算ソフトウェアでは、格子状に並ぶセルに文字や数値を入力することで、表を簡単に作成できる。また、セルに数式や関数を入力することで、さまざまな計算やデータ処理が可能。数式では、ほかのセルの値を参照して計算することもできる。

相対参照　★★

　表計算ソフトウェアで、セルに入力した数式をコピーするときに、数式が参照するセルの位置が相対的に変化する参照方式。マイクロソフトの「Excel」では、「A1」「B2」などの通常セル指定は相対参照になる。例えば、「＝A2＊B2」という数式がC2セルにあり、これをC3セルにコピーすると、参照するセルの位置もコピー先に合わせて変化し、「＝A3＊B3」という数式になる。この仕組みにより、同じような計算を、数式をコピーするだけで繰り返すことができる。

絶対参照　★★

　表計算ソフトウェアで、セルに入力した数式をコピーするときに、数式が参照するセルの位置が変化しないようにする参照方式。マイクロソフトの「Excel」では、列のアルファベットと行の番号の前にそれぞれ「$」記号を付けることで絶対参照になる。例えば、「＝B2/$B$5」という数式がC2セルにあり、これをC3セルにコピーすると、「B2」の部分は相対参照なので「B3」に変わるが、「$B$5」の部分は絶対参照なので変化せず、「＝B3/$B$5」という数式になる。なお、「B$5」や「$B5」のように、列のアルファベットか行の番号の一方にだけ「$」記号を付ける参照方式を「複合参照」と呼ぶ。この場合は「$」を付けた列のアルファベット、あるいは行番号の部分だけが固定される。

●相対参照と絶対参照

	A	B	C	
1		人数	比率	
2	10代	150	34%	=B2/$B$5
3	20代	200	45%	=B3/$B$5
4	30代	90	20%	=B4/$B$5
5	計	440		

コピーに応じて1行ずつずれる（相対参照）

コピー
コピー

「$」を付けた部分は変化しない（絶対参照）

Webウェブサイト　★★★

　同一のドメイン（「kantei.go.jp」など）に属する複数のWebページのまとまりのこと。単に「サイト」

ともいう。Web サイトの入り口に当たる Web ページを「トップページ」といい、そこから**ハイパーリンク**を通じて個別の Web ページに移動して内容を閲覧する構成になっていることが多い。

階層構造　★★

建物が１階、２階、３階…と層を成すように、文書の内容などを大項目→中項目→小項目といった階層に分けて構造化したもの。一般に、上位の階層から下位の階層へと枝分かれする構造になることが多いので、木（tree）になぞらえて「ツリー構造」と呼ぶこともある。コンピュータでファイルを管理するフォルダの構造も階層構造になっていて、Web サイトにおける個々の Web ページも階層構造になっている場合が多い。

HTML　エイチティーエムエル　★★★★★

Web ページを作るための記述言語。あらかじめ決められたタグと呼ばれる文字列を使って、文字を配置したり、画像や音声、動画などを挿入したりできる。ほかの Web ページを呼び出す**ハイパーリンク**の記述が容易なのも特徴。記述したソースコードは HTML ファイルとして保存する。HTML は「HyperText Markup Language」の略。

CMS　シーエムエス　★

Web サイトを構成するテキスト、画像、レイアウト情報などを一元的に管理し、公開、配信するためのシステム。「Contents Management System」の略で、コンテンツ管理システムとも呼ぶ。デザインの

テンプレートを設定した後は、編集用の画面で文字を入力したり画像をアップロードしたりするだけで、新しい Web ページを生成できる。デザインは定型になるが、ページごとに HTML を記述・編集する手間が省けるのが利点。同じデザインの新規ページを続々と公開するニュース系サイトやブログサイトなどの多くが利用する。

CSS　シーエスエス　★★★

Web ページの本体（コンテンツ）を記述する HTML とは別に、レイアウトやデザインといったスタイルを定義するための言語。HTML ファイル内に直接書くこともできるが、HTML ファイルとは別に CSS ファイルを用意することで、コンテンツとデザインを分けて管理できる。Web ページの見栄えを一度に変更するといったことが可能になるほか、複数の Web ページでデザインを統一することも容易になる。「Cascading Style Sheets」の略で「スタイルシート」ともいう。

ハイパーリンク　★★★

Web ページや文書などに埋め込むことで、ほかの Web ページや文書を素早く呼び出して参照できるようにする仕組み。単に「リンク」ともいう。インターネットの Web サイトは、ハイパーリンクを利用することで Web ページ同士を結び付けている。ハイパーリンクを利用して作られた文書をハイパーテキストと呼ぶ。

リンク　★★★
→ハイパーリンク

●HTMLの例

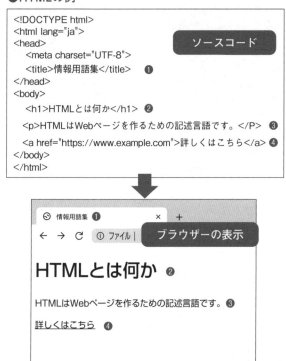

タグ　★★★

Web ページを記述する HTML では、\<title\> といったタグで文字列を挟み込み、その役割を指定する。例えば\<title\>は、そのページのタイトルを表すタグで、「\<title\>情報用語集\</title\>」のように記述すると、ページのタイトルを「情報用語集」にできる。多くのタグは、同じタグ名に「/」を付けた\</title\>のようなタグで、対象の終わりを指定する。画像を挿入するためのタグ、ハイパーリンクを指定するためのタグ、表を作成するための

タグなど、さまざまな種類のタグがあらかじめ決められている。

パス　★

コンピュータの基本ソフトウェア（OS）がファイルを管理する際に、その所在を示すための表記。「パス名」ともいう。例えば「C:¥Windows¥command¥fdisk.exe」と表記されたパスの場合、C ドライブの「Windows」フォルダの中の「command」フォルダにある「fdisk.exe」というファイルを指す。Web サイトを構成する HTML

ファイルなどの階層構造もパスで示すことができ、その場合は「¥」記号ではなく「/」記号で階層を区切る。

head^{ヘッド}　★

ヘッダ情報を記述するためのタグ。ここに記述した内容は、Web ページ上には表示されない。

title^{タイトル}　★

Web ページのタイトルを指定するためのタグ。ここに指定した文字列は、Web ブラウザのタブや、検索エンジンでの検索結果のタイトルとして表示される。

a href^{アンカーエイチレフ}　★

クリックしたりタップしたりすることで別の Web ページに移動したりファイルを開いたりできるハイパーリンクを指定するためのタグ。<a href="リンク先のパス">表示する文字列 </a> という形で指定する。

img src^{イメージソース}　★

画像を表示するためのタグ。<img src="画像ファイルのパス" width="幅" height="高さ"> のような形で指定する。画像の幅や高さはピクセル数またはパーセントで指定できる。

Column　　検索結果の上位に表示させる「SEO」とは？

　インターネットには無数の Web ページがあるので、人々は検索エンジンを用いて目当ての情報を含む Web ページを探す。裏を返せば、検索エンジンによる検索結果の上位に表示される Web ページほど、人々に閲覧されやすくなる。従って、多くの人々に情報を提供できるようにするには、いかに検索結果の上位に入るかがポイントになる。

　そのためには、内容を充実させるだけではなく、Web ページを構成する HTML の記述法や、キーワードの盛り込み方など、検索エンジンの特性を考慮した Web 制作技術も必要になる。例えば、アピールしたいキーワードを見出しなどに適切に配置する、画像にも alt タグを用いてキーワード（代替テキスト）を設定する、など多数の手法がある。検索エンジンの多くは、ロボットやクローラと呼ばれるプログラムを定期的に巡回させて Web ページの情報を収集するが、その際にタイトルや見出し、本文や画像などにあるキーワード、ほかのページからのリンクなどを分析して、ページの重要度を判断するからだ。こうした対策法を「SEO（Search Engine Optimization）」と呼び、「検索エンジン最適化」と訳される。

　一方で、誤った情報や有害な情報を含む Web ページが検索結果の上位に来るように、SEO を悪用する例もある。こうした不健全な SEO には検索エンジン側もアルゴリズムの変更などにより対策を進めているが、利用者としても注意が必要だ。

第3章
コンピュータと
プログラミング

1. 数値の表現

2進法　★★★★★

数値の表現方法（記数法）の1つ。10進法では0から9までの10個の数字を使うのに対して、2進法では0と1という2つの数字を使って数を表現し、10進法における2の累乗に達するたびに桁が1つ上がる。2進法で表現した数を**2進数**と呼ぶ。例えば、2進数で「1011」という数字を10進数に換算すると、$1 \times 2^3 + 0 \times 2^2 + 1 \times 2^1 + 1 \times 2^0 = 11$ となる。2進数の1桁で表される情報量を1ビット（bit）と呼ぶ。2進数を16進数に置き換えて表現する場合もある。

2進数　★★
→2進法

10進法　★★

一般的に使われている数値の表現方法（記数法）。10を基数としており、0から9までの10個の数字を使う。10進法で表現した数を10進数と呼ぶ。コンピュータの内部では、0と1の2つの数字を使って数を表現する2進法が使われているため、数値処理などでは2進数と10進数の変換が必要になる。

16進法　★★★★

数値の表現方法（記数法）の1つ。10進法では0から9という10種類の数字を使うのに対して、16進法では0から9の後にAからFのアルファベットを割り当てた16種類の英数字を使い、10進数に

おける16の累乗に達するたびに桁が1つ上がる。16進法で表現した数を**16進数**と呼ぶ。コンピュータの内部では2進数で処理するのが基本だが、人がそれらのデータを読み取る際に0と1が数多く並ぶと分かりづらい。一方、16進数の1桁は2進数での4桁に当たるため、2進数から16進数への変換は容易にできる。このことから2進数を16進数に置き換えて桁数を短く表現することが多い。例えば10進数の「30」は、2進数では「11110」、16進数では「1E」と表現される。

●2進法、10進法、16進法

10進数	2進数	16進数
0	0	0
1	1	1
2	10	2
3	11	3
4	100	4
5	101	5
6	110	6
7	111	7
8	1000	8
9	1001	9
10	1010	A
11	1011	B
12	1100	C
13	1101	D
14	1110	E
15	1111	F
16	10000	10
17	10001	11
18	10010	12

●2進数を10進数に変換するには？

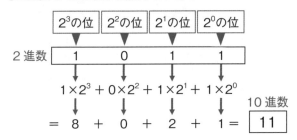

●10進数を2進数に変換するには？

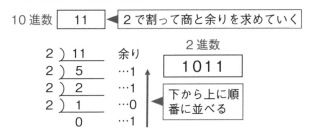

16進数 ★★
→ 16進法

補数 ★★
元の数に対して、次の桁に桁上がりするために補う最小の数のこと。例えば、10進数の7は、3を足すことで10へと桁が上がるので、7の補数は3である。2進数の1011は、0101を足すことで10000へと桁が上がるので、1011の補数は0101である。2進数の補数は、各桁の0と1を反対にして、1を足すことで求められる。こうした2進数の補数は「2の補数」とも呼ばれ、コンピュータの内部で負の数を表現するときに用いられる。例えば、2進数の計算では1011 + 0101 = 10000となるが、4ビット（4

桁）で処理した場合、桁上がりした5桁目の「1」が4ビットに収まらずに消えて1011 + 0101 = 0000となる。つまり、10進数で表すと11 + (−11) = 0のように、絶対値が等しい負の数を足す計算と同じになる。このことから、補数により負の数を表現でき、減算を加算に置き換えて処理できるようになる。

誤差 ★★
実際の値と、測定または計算した値との差。原因に応じて**情報落ち**、**桁落ち**、**丸め誤差**などと呼ぶ。コンピュータによる計算では、その過程で実際の値と差が生じることがあるので、計算方法などを考慮する必要がある。

●2進法の補数と負の数の表現（4桁の場合）

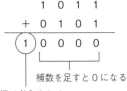

2進法の数値「1011」の補数を求める

元の数　1　0　1　1

↓　0と1を反転する

　　　　0　1　0　0

↓　1を足す

補数　　0　1　0　1

元の数と補数を足すと0になる

```
    1 0 1 1
+   0 1 0 1
① 0 0 0 0
```

補数を足すと0になる

4桁で考えるので、
桁上がりした1は無視

丸め誤差　★★★

四捨五入、切り捨て、切り上げなど、端数を処理する（丸める）ことによって生じる誤差。例えば「11.23」という値を小数第2位で四捨五入すると「11.2」になり、「0.03」の丸め誤差が生じる。コンピュータの内部では通常、数値を2進数で計算するが、10進数における小数を2進数に変換すると、循環小数になる値がある。例えば10進数の0.1を2進数に変換すると、0.0001100110011…という循環小数になる。これをコンピュータはそのまま計算できないので、一定の桁数で丸めて処理せざるを得ず、そこに丸め誤差が生じる。従って、コンピュータでは小数の計算に丸め誤差が生じやすく、表計算ソフトウェアの「Excel」などでも、小数計算に誤差が生じることがある。演算誤差ともいう。

情報落ち　★

絶対値の大きな値と小さな値とで加算や減算したときに、小さな値の情報が失われてしまうこと。例えば、12.34＋0.0001の結果は12.3401だが、有効桁数（意味のある桁の数）を4桁として計算すると12.34となり、0.0001の情報が失われる。

桁落ち　★

絶対値がほぼ等しい浮動小数点数同士の計算において、計算結果の有効桁数（意味のある桁の数）が大幅に減ることで生じる誤差のこと。例えば、$0.1234 \times 10^2 - 0.1233 \times 10^2 = 0.0001 \times 10^2$という計算結果は、浮動小数点数の正規化という処理によって小数点の位置が動かされ、0.1000×10^{-1}という表現になる。元の有効桁数が4桁であったのに、計算結果では1桁に減り、さらに後ろを0で埋めるため、そこに不正確さ（誤差）が生まれる可能性がある。

浮動小数点数　★★

小数点の位置が決められている「固定小数点数」と違って、小数点の位置を固定せず調整して表す数値の表現方法。例えば「123000.00」を「1.23×10^5」のように表現する。このとき、「1.23」を仮数部、「10」を基数、「5」を指数と呼ぶ。コンピュータでは一般に、2進法の浮動小数点数を用いる。

符号部　★★

浮動小数点数の表記における、正負を表す符号部分のこと。2進数の浮動小数点数では、先頭の1ビットで符号部を表現する（＋は0、－は1）。

指数部　★★

浮動小数点数の表記における、小数点を何桁分動かしたかを表す部分。「$1.23×10^5$」であれば、「5」が指数部に相当する。2進数の浮動小数点数では、符号部に続く8ビット分で指数部を表現する（32ビットの場合）。

仮数部　★★

浮動小数点数の表記における、小数点を動かした後の数字を表す部分。「$1.23×10^5$」であれば、「1.23」が仮数部に相当する。2進数の浮動小数点数では、指数部に続く23ビット分で仮数部を表現する（32ビットの場合）。

オーバーフロー　★★

計算結果が、表現できる値の上限を超えてしまうこと。例えば、12345×56789＝701060205だが、有効桁数が8桁の場合、計算結果が1桁あふれてオーバーフローとなる。

---

2. 演算の仕組み

論理演算　★★

真（1）と偽（0）という2通りの入力値を基に、1つの値を出力する演算。「ブール演算（Boolean Operation）」とも呼ばれる。コンピュータ内部でのデジタル処理の基本であり、演算には**論理積（AND）**、**論理和（OR）**、**論理否定(NOT)**などがある。コンピュータでは、トランジスタなどの半導体で作った電子的なスイッチを使い、電圧の高低を使って1と0の論理値を表すことで、論理演算を実行する。

論理回路　★★★★

デジタル信号を処理して論理演算などを行うための電子回路。コンピュータは、論理回路のオン／オフにビットを対応させ、それを多数組み合わせて複雑な処理を実行する。

集積回路　★

論理積（AND）、**論理和（OR）**、**論理否定（NOT）**という基本的な論理回路を組み合わせてまとめたもの。半導体の薄板の上にトランジスタ、ダイオード、抵抗などの素子を用いて電子回路を作り込んでいる。**IC**ともいう。素子数がおおよそ1000から数万のものを「LSI」（大規模集積回路）ともいう。

論理積回路　★★

2つの入力に対し、両方が1の場合だけ1を出力し、それ以外は0を出力する回路。**AND回路**や**AND ゲート**ともいう。

AND ［アンド］回路　★★★

→論理積回路

論理和回路　★★
　2つの入力に対し、両方またはいずれか一方が1の場合は1を出力し、両方が0の場合だけ0を出力する回路。**OR回路**や OR ゲートともいう。

OR゜゚回路　★★★
　→論理和回路

否定回路　★★
　1つの入力に対し、入力が1なら0を出力し、入力が0なら1を出力する回路。入力した値を反転させた値を出力する。**NOT回路**やNOT ゲートともいう。

NOT゜゚回路　★★★
　→否定回路

否定論理積回路　★★
　論理積回路（AND 回路）を否定（NOT）した回路。2つの入力に対し、両方が1の場合だけ0を出力し、それ以外は1を出力する。**NAND回路**や NAND ゲートともいう。

NAND゜゚回路　★★
　→否定論理積回路

否定論理和回路　★★
　論理和回路（OR 回路）を否定（NOT）した回路。2つの入力に対し、両方またはいずれか一方が1の場合は0を出力し、両方が0の場合だけ1を出力する。**NOR回路**やNOR ゲートともいう。

NOR゜回路　★★
　→否定論理和回路

排他的論理和回路　★★
　2つの入力に対して、いずれか一方だけが1の場合に1を出力し、両方が0の場合または両方が1の場合は0を出力する回路。**XOR回路**や XOR ゲート、あるいは **EOR回路**や EOR ゲートとも呼ばれる。

XOR゜゚回路　★★
　→排他的論理和回路

EOR゜゚回路　★
　→排他的論理和回路

真理値表　★★
　論理演算の結果を一覧表にしたもの。2つの入力の組み合わせに応じて、出力が1（真）と0（偽）のどちらになるかをすべてのパターン示す。

真　★
　命題が正しいことを「真（TRUE）」、正しくないことを「**偽（FALSE）**」と呼ぶ。論理演算では真に1、偽に0を割り当てて、論理積回路、論理和回路などの演算を行う。プログラムにおける条件判定では、条件（論理式）が成り立つ場合を真、成り立たない場合を偽と呼ぶ。

偽　★
　→真

半加算回路　★
　2進法の1桁（1ビット）の足し算(加算)を行う回路。「半加算器」とも呼ばれる。2つの入力に対して、その和と桁上がりを出力する。和については排他的論理和(XOR)回路、桁上がりについては論理積（AND）回路で出力する。

全加算回路　★

　2進法の2桁（2ビット）以上の足し算（加算）を可能にする回路。「全加算器」とも呼ばれる。半加算回路が1桁（1ビット）の加算しかできないのに対し、全加算回路は下の位からの桁上がりを考慮した演算ができるため、複数桁の加算が可能になる。その場合、最下位の桁は半加算回路で加算し、下から2桁目以上は全加算回路で加算する。全加算回路は、同じ桁の値のほか、下の位からの桁上がりという3つの値を加算し、その和と桁上がりを出力する。全加算回路は、半加算回路2つと論理和回路（OR回路）の組み合わせによって構成される。

●論理回路と真理値表

論理積（AND）

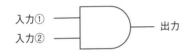

入力①	入力②	出力
0	0	0
1	0	0
0	1	0
1	1	1

論理和（OR）

入力①	入力②	出力
0	0	0
1	0	1
0	1	1
1	1	1

論理否定（NOT）

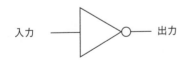

入力	出力
0	1
1	0

3. コンピュータの構成要素

コンピュータ　★★

　電子回路によって数値の演算やデータ処理を自動的に行う装置のこと。かつては「電子計算機」と

も呼ばれた。物理的な装置である**ハードウェア**と、プログラムなどの**ソフトウェア**で構成される。記憶装置にプログラムやデータを記録し、それを順次読み込んで実行する方式が一般的で、**ノイマン型コンピュータ**といわれる。そのほか、量子力学における「重ね合わせ」の原理を応用した「量子コンピュータ」の研究も進められている。量子コンピュータは将来、従来型のコンピュータとは桁違いに高速な計算が可能になると期待されていて、社会変革を起こすような重要な技術と考えられている。

ノイマン型コンピュータ　★

米国の数学者ジョン・フォン・ノイマン（John von Neumann）によって1946年に提案された方式のコンピュータ。一般的なコンピュータの基本型といえるもので、ノイマンは「コンピュータの父」と呼ばれる。演算装置、制御装置、記憶装置、入力装置、出力装置の5つの要素で構成され、これらをコンピュータの五大装置と呼ぶ。記憶装置にプログラムやデータを保存して、それを順番に実行する逐次制御方式を採る。

パーソナルコンピュータ　★★

個人でも使えるように小型化されたコンピュータのこと。日本では一般に「パソコン」、米国では「PC」と呼ばれる。登場したのは1970年代後半。当時はマイクロコンピュータ（マイコン）と呼ばれ、プログラミングや簡単なゲームが主な用途だった。1980年代には文書作成ソフトウェアや表計算ソフトウェアなどが製品化され、ビジ

ネス利用が進んだ。1990年代後半には、基本ソフトウェア（OS）である「Windows」や、インターネット、電子メールなどが起爆剤になり、パーソナルコンピュータが一気に普及した。

ハードウェア　★★★★★

コンピュータを構成する物理的な装置、機器のこと。**ソフトウェア**に対する言葉で、単にハードともいう。コンピュータ本体のほか、これに接続して使う周辺装置（周辺機器）も含まれる。マウス、キーボード、ディスプレイ、プリンタ、外付けハードディスク、スキャナなど、さまざまな周辺装置がある。

ソフトウェア　★★★★★

コンピュータを構成する要素のうち、プログラムやデータなど、物理的な装置以外のものを指す。単にソフトともいう。「**オペレーティングシステム（OS）**」と呼ばれる基本ソフトウェアと**アプリケーション**と呼ばれる応用ソフトウェアに大別される。ハードウェアを制御するためのソフトウェアを**デバイスドライバ**やドライバソフトと呼ぶこともある。

コンピュータの五大装置　★★

コンピュータのハードウェアを構成する基本的な要素。演算装置、制御装置、記憶装置、入力装置、出力装置の5つを指す。

演算装置　★★★

コンピュータの中で命令を実行して演算を行う装置を指す。一般にはCPU（中央処理装置）がこの役割を担う。

制御装置　★★★

コンピュータ全体の動作を制御する装置を指す。プログラムの実行や各装置の制御を担う。一般にはCPU（中央処理装置）がこの役割を担う。

記憶装置　★★

コンピュータが処理するプログラムやデータを記憶（保存）する装置を指す。CPU（中央処理装置）から直接読み書きできる主記憶装置（メインメモリ）と、大容量のデータを長期保存するのに使う補助記憶装置に分けられる。補助記憶装置は**ストレージ**とも呼ばれ、ハードディスク（HDD）やSSD（Solid State Drive）が一般的。CPUは、補助記憶装置から必要なプログラムやデータを主記憶装置に読み込んで処理する。

入力装置　★★★

コンピュータが処理するための命令やデータを入力する装置を指す。主にキーボードやマウスを指すが、ほかにもタッチパネル、マイク、スキャナ、バーコードリーダ、カメラなどがある。

出力装置　★★★

コンピュータで処理された情報を出力する装置を指す。ディスプレイやプリンタが代表例で、ほかにプロジェクタやプロッタ、スピーカなどがある。

CPU シーピーユー　**★★★★**

「Central Processing Unit」の略で、**中央処理装置**とも呼ばれる。コンピュータの五大装置のうち演算装置と制御装置の役割を担い、入力装置や記憶装置からデータを受け取り、演算をして結果を出力する。一般には、CPUの機能を半導体チップ1個にまとめたマイクロプロセッサを指すことが多い。1つのCPUにコア（演算回路の総称）を複数搭載するものもあり、マルチコアCPUと呼ばれる。CPUはコア数やクロック周波数（動作周波数）などにより性能が異なる。

中央処理装置　★★
→ CPU

クロック周波数　★★

CPUなどの半導体回路が動作する速さを表す指標。CPUは、電圧の高低を規則的に繰り返すクロック信号に合わせて「命令の読み出し」→「命令の解釈」→「命令の実行」という動作を順番に行うが、このクロック信号が1秒間に何回繰り返されるかをHz（ヘルツ）で表すのがクロック周波数。一般に「動作周波数」ともいう。例えば1GHzギガヘルツのクロック周波数で動作するCPUは、1秒間に10億回動作する。同じ設計なら周波数が高いほど内部の動作は速くなり、性能も向上する。一方で、クロック周波数が高いと消費電力と発熱量が大きくなる。

クロック信号　★

CPUなどの半導体回路が、各装置の間で処理のタイミングを合わせるための周期信号。電圧の高低を規則的に繰り返す信号で、1つの山と谷で1クロックと数える。1秒間のクロック数を表すのが**クロック周波数**（動作周波数）で、**Hz（ヘルツ）**という単位で表す。

●クロック周波数

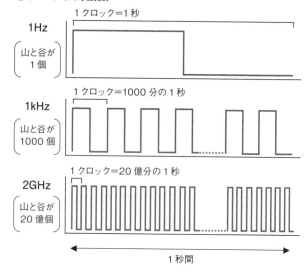

1 クロック＝1 秒

1Hz
〔山と谷が
1 個〕

1 クロック＝1000 分の 1 秒

1kHz
〔山と谷が
1000 個〕

1 クロック＝20 億分の 1 秒

2GHz
〔山と谷が
20 億個〕

1 秒間

主記憶装置　★★★★

　コンピュータの CPU から直接読み書きできる一時的な記憶装置。一般には**メインメモリ**あるいは単に**メモリ**ともいう。主記憶装置は、ハードディスクや SSD などの補助記憶装置から読み出したデータを一時的に保存し、CPU からアクセスできるようにする。補助記憶装置よりは高速だが、それでも CPU の処理速度には及ばないため、CPU と主記憶装置の間に「キャッシュメモリ」と呼ばれるさらに高速な記憶装置を配置するケースが多い。

メインメモリ　★★
　→主記憶装置

メモリ　★★★
　→主記憶装置

補助記憶装置　★★★★

　コンピュータの CPU から直接読み書きできる主記憶装置に対して、その補助的な役割を担う大容量の記憶装置。具体的にはハードディスクや SSD などのストレージや、USB メモリ、光学ドライブなどを指す。補助記憶装置に保存されたデータは、主記憶装置にコピーしたうえで、CPU が読み書きする。主記憶装置のように高速ではないが、安価に大容量を実現できる製品が多い。

ハードディスク　★★
　磁性体を塗布した円盤（ディスク）にデータを記録するタイプのストレージ。ディスクを高速回転させ、磁気ヘッドと呼ばれる素子を通して、データを読み書きする。通常はディスクとドライブが一体なの

で、ハードディスクドライブ（HDD）とほぼ同じ意味で用いられる。コンピュータの補助記憶装置として用いられることが多い。同じ用途で用いられる補助記憶装置としては、より高速な SSD（Solid State Drive）があるが、SSD よりもハードディスクのほうが安価に大容量を実現できる。

ストレージ　★★

コンピュータのデータやプログラムを保存しておくための補助記憶装置のこと。ハードディスクや SSD、光ディスク、メモリーカードなどの総称。ハードディスクや SSD は、パソコン本体に内蔵するタイプと、USB 端子などで接続する外付けタイプがある。インターネット（クラウド）上のサーバにデータを保存するシステムもあり、クラウドストレージと呼ばれる。

スペック　★

「specification」の略で、「仕様」あるいは「仕様書」という意味。製品の構成要素や設計上の性能、機能を表すもので、コンピュータなら CPU のコア数やクロック周波数、主記憶装置（メインメモリ）や補助記憶装置の容量、バッテリ駆動時間などが相当する。

インタフェース　★★

2つ以上の機器をつなぐ場合に必要な各種の手順、装置、技術、あるいはそれらの規格や仕様そのものを指す。コンピュータの場合、ディスプレイ、記憶装置、キーボード、プリンタなどの周辺装置を接続するためには、個々の機器に対応したデータ転送速度やタイミング、手順などを規定したインタフェースが必要になる。応用ソフトウェアの連携に用いる **API**（Application Programming Interface）のように、ソフトウェア同士の接続の仕様を規定したものも含まれる。そのほか、利用者とコンピュータをつなぐという意味で、画面の表示やメニューの構成といった情報をやり取りするための仕組み・デザインを**ユーザインタフェース**と呼ぶ。

USB ユニバーサルシリアルバス　★★

パソコンやスマートフォンなどで普及している標準的なインタフェース。端子には、コンピュータ側に設けられる Type-A と、周辺機器側に設けられる Type-B および micro-B（Micro-USB）などの形状がある。最近は、コンピュータ側も周辺機器側も Type-C という端子が増えている。USB 規格として USB 3.2、USB4 などのバージョンがあり、世代によってデータの最大転送速度が異なる。

周辺機器　★

マウスやキーボード、ディスプレイ、プリンタなど、コンピュータに接続して使う機器のこと。周辺装置ともいう。

周辺装置　★
→周辺機器

ディスプレイ　★

文字や図形、映像などを表示する装置。モニタともいう。コンピュータやスマートフォン、タブレットなどでは、液晶（LED）ディスプレイが一般的。近年は「有機 EL」を用いたディスプレイも増えてい

る。ディスプレイのサイズは、対角線の長さをインチで示すのが一般的。ディスプレイによって、表示できる画面の解像度が「1920×1080画素」などと決まっている。電子書籍端末では、「電子ペーパー」とも呼ばれる、消費電力が極めて少ない白黒のディスプレイが採用されている。

イメージスキャナ　★

紙の書類や写真などを読み取って、画像データに変換する装置。単に「スキャナ」ともいう。原稿をガラス台に置き、横長のセンサが縦方向に動いて原稿を読み込む「フラットベッドスキャナ」の機能を、家庭向けのプリンタ（複合機）に組み込んで提供されることが多い。書類の読み取りに特化したものは「ドキュメントスキャナ」と呼ぶ。

フラッシュメモリ　★★

半導体を使用したメモリの一種。主に補助記憶装置として利用され、SSDやSDメモリカード、USBメモリ、スマートフォンの内蔵ストレージなどに使われている。CPUが直接読み書きする主記憶装置に使われるメモリはDRAM（ディーラム）と呼ばれ、高速だが、電力の供給がなければ記憶内容が失われる（電源を切れば消える）。一方、フラッシュメモリはDRAMより低速だが、電力の供給を断っても記憶内容が保持される（電源を切っても消えない）。

Wi-Fi ワイファイ　★★★

コンピュータや機器の間でデータを無線でやり取りする無線LAN規格の登録商標。Wi-Fi アライアン

スという業界団体によって相互接続性が認証された製品に付与され、IEEE 802.11ac や同 11ax などの規格に準拠した無線LAN規格の通称となっている。IEEE 802.11ac を「Wi-Fi 5」、同 11ax を「Wi-Fi 6」などと呼んで区別する。

レジスタ　★★

CPU内部にあるデータの一時的な保存場所。命令やデータが入っているメモリアドレスなどを格納する。次に実行する命令のメモリアドレスを指定するレジスタを「プログラムカウンタ」という。

マルチコア　★★

CPUが複数のコア（演算回路の総称）を搭載すること。コアを増やすことで複数の処理を同時に効率良く実行できるようにして、総合的な性能を向上させる。コアが2つあることを「デュアルコア」、4つあることを「クアッドコア」とも呼ぶ。

キャッシュメモリ　★

データを一時的に蓄える領域、または記憶装置。機器間のデータ転送や通信回線の速度ギャップを埋めるために設けられる。CPUの場合、そのつど主記憶装置（メインメモリ）からデータを読み込むと、高速なCPUの処理に主記憶装置の速度が間に合わず、遅延が生じてしまう。そこで、主記憶装置よりも高速なキャッシュメモリをCPUの内部に持ち、使用頻度の高いデータはキャッシュメモリに一時的に保存することで、処理の高速化を図る。そのため、キャッシュメモリの容量や仕様は、CPUの処

理性能に大きく影響する。なお、日本語では「キャッシュ」と書くが、英語では「貯蔵庫」を意味する「cache」であり、「現金」を意味する「cash」ではない。

センサ　★★

温度や光、磁気、重さ、圧力、傾きなどの量を計測する装置。検知した結果を電気信号に変換して出力する。デジタルカメラが搭載する撮像素子（イメージセンサ）は、レンズから入ってきた光を電気信号に変換する。ばねに取り付けた重りが変位する量を電流などで測り、重りにかかる加速度を推定する「加速度センサ」を用いると、物体の動きを検出できる。

計測　★

大きさや重さ、温度、時間などの量を測ること。コンピュータを用いる際は、センサを使って計測した結果を電気信号に変えてデータとして記録する。

制御　★★

装置などが目的に応じた動作をするように操作したり調整したりすること。制御に用いる装置として**アクチュエータ**などがある。

アクチュエータ　★★

モータや油圧シリンダなど、エネルギーを機械的な運動に変化させる駆動装置の総称。「駆動装置」とも呼ばれる。

4. OS とソフトウェア

基本ソフトウェア　★★★★

コンピュータの基本的な操作環境を提供するソフトウェア。**オペレーティングシステム**（Operating System）、略して **OS** とも呼ぶ。主な機能として、メモリ管理、タスク管理、ファイル管理などを行い、ハードウェアと応用ソフトウェア（アプリケーション）の仲介をしたり、人が操作するためのユーザインタフェース（UI）を提供したりする。代表的な OS として、Windows、macOS、Linuxなどがある。OS があることで、メーカーごとに異なるハードウェアであっても同じユーザインタフェースを提供したり、同じアプリケーションを動かしたりできる

ようになる。

オペレーティングシステム　★★★
→基本ソフトウェア

OS オーエス　★★★★
→基本ソフトウェア

応用ソフトウェア　★★★

文書作成、表計算、データベース、グラフィックス、ウェブブラウザなど、特定の目的のために使うソフトウェアの総称。**アプリケーションソフトウェア**ともいい、「アプリケーション」や「アプリ」と略すことも多い。基本ソフトウェア（OS）がコンピュータの基本的な操作環境を提供するのに対し、応

用ソフトウェアは基本ソフトウェアの基盤の上で動作する。そのため、応用ソフトウェアは基本ソフトウェアの種類に応じて「Windows版」「macOS版」などと分けて開発される。

アプリケーションソフトウェア ★★★

→応用ソフトウェア

CUI シーユーアイ ★★★

「Character User Interface」あるいは「Character-based User Interface」の略で、文字の表示と入力を基本としたユーザインタフェース（UI）。文字で命令を打ち込んでコンピュータを操作する。GUI に対比させた呼び方であり、GUI が普及する以前の初期のコンピュータでは一般的だった。

GUI ジーユーアイ ★★★★

「Graphical User Interface」の略で、コンピュータやスマートフォン、タブレットなどで一般的な、画像の表示を中心にしたユーザインタフェース（UI）。マウス操作や指先でのタッチ操作を介して、画面上に表示されるアイコンやボタンを押したり、メニューを開いてその中の項目を選択したりすることで、コンピュータを操作できる。文字で命令を打ち込んでコンピュータを操作する CUI と対比される。

アイコン ★★★

肖像、図像、聖像などを意味する「icon」に由来する言葉で、事物を簡潔に表現するための小さな絵柄やマーク、記号のこと。コンピュータのユーザインタフェース（UI）においては、ファイルやプログラムの種類、個々の機能などを表すためにアイコンが多用され、画面に表示されたアイコンをマウスで選んでクリックすることで機能を実行できるソフトウェアが多い。割り当てられた機能の内容が直感的に分かるようにアイコンの絵柄が工夫されている。

タスク ★

タスク（task）は「仕事」を意味する言葉で、コンピュータにおいては基本ソフトウェア（OS）が処理する仕事の単位を表す。複数のタスクが並行して動作することを「マルチタスク」と呼ぶ。

タスク管理 ★

コンピュータにおいて基本ソフトウェア（OS）が担う機能の1つ。CPU は基本的に1つずつしか処理（タスク）を実行できないが、個々の処理を非常に短い間隔で切り替えながら実行することで、同時並行的に複数の処理を実行できる。これを「マルチタスク」といい、基本ソフトウェアがその仕組みを管理する。

ファイル ★★★

コンピュータが扱うプログラムやデータのまとまり。「ファイルシステム」と呼ばれる仕組みで管理され、ハードディスクなどのストレージに保存される。用途や内容、データ形式に応じて異なる拡張子がファイル名に付き、画面に表示されるアイコンも変わる。文書、画像、音声、動画などのファイルのほか、プログラムの実行ファイルなどもある。

拡張子　★★

ファイルの種類を判別するために、ファイル名の末尾に付けられる文字列。ピリオドの後が拡張子で、4文字以下の場合が多い。例えば、テキスト形式のファイルなら「.txt」、文書作成ソフトウェアの「Word」で作成したファイルなら「.docx」のように付く。Windows では拡張子ごとに特定のアプリケーションが関連付けられており、ファイルを開こうとすると、関連付けられたアプリケーションが自動で起動する。

●拡張子の例

拡張子	ファイルの種類
.txt	書式情報を持たないテキストファイル
.html	Web ページなどの HTML ファイル
.bmp	ビットマップ形式の画像ファイル
.jpg	JPEG 形式の画像ファイル
.png	PNG 形式の画像ファイル
.mp3	MP3 形式の音声ファイル
.mp4	MP4 形式の動画ファイル
.docx	文書作成ソフトウェア Word のファイル
.xlsx	表計算ソフト Excel のファイル
.xlsm	表計算ソフト Excel のファイルで、マクロ付きのもの
.pptx	プレゼンテーションソフト PowerPoint のファイル
.csv	CSV 形式(カンマ区切り)のテキストファイル
.exe	アプリケーションソフトウェアの実行ファイル
.zip	ZIP 形式で圧縮されたファイル

フォルダ　★★

コンピュータ上でファイルを整理する際に、複数のファイルを分類して保存できる"入れ物"の役割を果たすもの。Windows や macOS など、画面上にウィンドウを持つ OS (基本ソフトウェア) がこの呼び方を用いる。紙の書類を整理するフォルダのイメージを、コンピュータのファイル整理に当てはめた。フォルダの中にフォルダを作成することもでき、フォルダは階層構造を成す。文字で命令を入力するタイプの OS では**ディレクトリ**とも呼ぶ。

ディレクトリ　★

コンピュータ上でファイルを管理する仕組みにおいて、ファイルを保存する場所のこと。主に文字で命令を入力するタイプの OS (基本ソフトウェア) で用いる言葉で、Windows における**フォルダ**と同じものを指す。ディレクトリは階層構造を持ち、上位の階層から下位の階層へとディレクトリをたどることで、目的の場所に移動できる。最上位のディレクトリを「ルートディレクトリ」、操作対象としているディレクトリのことを「カレントディレクトリ」という。な

お、ディレクトリ（directory）は「住所録、名簿」などを意味する英単語。

デバイス　★

「device」は機器、装置の意味。コンピュータにおいては、CPUやメモリ、ストレージなどの内蔵する機器から、マウスやキーボード、ディスプレイなどの周辺機器までを、総じてデバイスと呼ぶ。また、コンピュータそのものやスマートフォン、タブレットなどのデジタル機器全般をデバイスと呼ぶことも多い。

デバイスドライバ　★★

コンピュータに内蔵された装置や、接続された周辺機器を制御するプログラム。「ドライバソフト」あるいは単に「ドライバ」と呼ぶこともある。ハードウェアの仕様は機種ごとに異なるので、機器を制御するプログラムをOS本体から切り離し、デバイスドライバとして必要に応じて組み込む仕組みになっている。OSが自動で組み込む場合もある。

組み込み系ソフトウェア　★

電化製品や産業機器などに最初から組み込まれているソフトウェアのこと。その機器を制御するために内蔵されていて、特定の機器に特化したソフトウェアであることから、一般的なコンピュータで汎用的に利用される業務系のソフトウェアなどとは区別される。

API エーピーアイ　★★★

ソフトウェアが、機能の一部をほかのソフトウェアから呼び出して利用できるようにするための仕組み。定められた手順に従ってプログラムを記述することで、応用ソフトウェア（アプリケーション）などがAPIを通じてOSなどの機能を利用できるようになる。プログラム開発を効率化し、ほかのプログラムとの連携を容易にできるメリットがある。インターネット上のWebサービスが提供するAPIを「Web API」といい、例えば地図を表示するWeb APIを用いてプログラミングをすると、そのソフトウェアでWeb上の地図を表示できるようになる。

5.　プログラムと言語

プログラム　★★★★★

コンピュータに実行させる処理を順序立てて記述したもの。コンピュータは計算や入出力などの処理を、プログラムに示された手順で実行していく。ソフトウェアとほぼ同じ意味で使われることが多い。プログラムを記述するための言語を**プログラミング言語**と呼ぶ。記述された**プログラム**を**ソースコード**と呼ぶこともある。

プログラミング　★★★

プログラムを作成する作業全般を示す。プログラミング言語を使って処理の手順を記述する。プログ

ラミング言語には多くの種類があり、専用のツールを用いて操作画面などのユーザインタフェース（UI）をデザインする作業もある。

プログラミング言語　★★★★

プログラムを記述するための言語。さまざまな種類の言語があり、言語ごとに命令の書き方や機能が異なる。そもそもコンピュータ（CPU）は数値の羅列である**機械語**しか理解できないが、機械語を人が直接記述するのは難しいため、より記述しやすいプログラミング言語が考案された。プログラミング言語で記述されたプログラムは、機械語に変換されることで、コンピュータによって実行可能になる。この変換操作を「コンパイル」と呼ぶ。

機械語　★★★

コンピュータ（CPU）が直接、解釈して実行できる形式で表現された命令。数値の羅列から成り、「マシン語」ともいう。通常、プログラムを作成するときには、機械語で直接命令を記述するのではなく、人が理解しやすい命令や構文の規則を備えたプログラミング言語で記述する。プログラミング言語で記述されたプログラムは、**コンパイラ**と呼ばれる変換用のソフトウェアを用いて変換（コンパイル）することで、機械語のプログラムになる。

コンパイラ　★

プログラミング言語で記述されたプログラムを、コンピュータ（CPU）が解釈可能な**機械語**に変換（コンパイル）するソフトウェア。変換する際に、複数のプログラムをまとめるなどして実行可能な形式にする

作業を「ビルド」と呼ぶこともある。

コンパイラ型言語　★★

プログラムのソースコードを、実行する前にすべて**機械語**に変換（コンパイル）しておくタイプのプログラミング言語。CやC++、Javaなどの言語が相当する。プログラムを実行しながら機械語に変換する**インタプリタ型言語**に比べて、変換済みの機械語を直接実行するコンパイラ型言語のほうが処理速度は速くなる。

インタプリタ　★

プログラミング言語で記述されたプログラムを、実行時にコンピュータ（CPU）が解釈可能な**機械語**に変換するソフトウェア。実行しながらそのつど変換するので、同時翻訳に例えられる。

インタプリタ型言語　★

プログラムのソースコードを、実行する際にそのつど**機械語**に変換するタイプのプログラミング言語。JavaScriptやPythonなどの言語が相当する。プログラム全体をあらかじめ機械語に変換したうえで実行する**コンパイラ型言語**の場合、ソースコードの一部を修正すると機械語への変換作業をすべてやり直す必要がある。一方、インタプリタ型言語の場合、修正したソースコードをそのまま実行できるため、プログラムの変更が容易なのが利点。

手続き型言語　★

「手続き型」と呼ばれる方式で記述するプログラミング言語のこと。実行すべき処理（手続き）ごとに

プログラムを記述し、それぞれの処理を順番に呼び出して全体のプログラムを構成する。処理が順番に流れていくので、プログラムの流れを理解しやすいのが利点。COBOLやC言語はその一例。

オブジェクト指向プログラミング ★

処理（手続き）の流れを重視する「手続き型プログラミング」に対して、データを中心にプログラムを構築するプログラミングの考え方。データとそれに対する操作を1つにまとめたものを「オブジェクト」と呼び、オブジェクトの定義や関係、相互作用を記述することによりプログラムを構成する。プログラムの再利用が容易になり、大規模なソフトウェア開発を効率良く進められる利点がある。オブジェクト指向のプログラミング言語として、Java、C++、JavaScript、Pythonなどが挙げられる。

スクリプト言語 ★

簡単にプログラムを記述できるように設計されたプログラミング言語の総称。**インタプリタ型言語**であることが多く、JavaScript、Pythonなどが例として挙げられる。

ソースコード ★★★

コンピュータ（CPU）が直接実行できる**機械語**に変換する前の、プログラミング言語で記述した状態のプログラムのこと。単に**コード**と呼ぶこともある。**コンパイラ型言語**では、ソースコードを機械語に変換する作業を事前に行わないとプログラムを実行できないが、**インタプリタ型言語**ではソースコー

ドのまま実行が可能で、実行中にそのつど機械語に変換される。

コーディング ★★

プログラミング言語の文法に従って処理方法を記述すること。プログラミングとほぼ同義。

コード ★

コンピュータ上で扱うために体系的にまとめられた符号のこと。コンピュータで使われる文字を表現するためのものを**文字コード**という。**ソースコード**など、プログラミング言語の命令を記述したものをコードと呼ぶこともある。

Scratch スクラッチ ★

米マサチューセッツ工科大学（MIT）のMITメディアラボが開発した子供向けのプログラミング言語。文字でソースコードを記述するプログラミング言語と異なり、命令などを表すブロックを並べる操作で視覚的にプログラミングできるのが特徴。このようなタイプのプログラミング言語は「ビジュアルプログラミング言語」と呼ばれる。

JavaScript ジャバスクリプト ★★

Webブラウザで実行されるオブジェクト指向のプログラミング言語。HTMLと共にWebページを構成する主要な言語となっており、マウスポインタの移動やクリックなどの操作に合わせてWebページの表示内容を変えたり、フォームに入力されたデータをチェックしたりといった、HTMLだけでは実現できない機能を提供する。Javaと混同されることが多いが、

別の言語である。

Python パイソン ★★

オランダ出身のプログラマ、グイド・ヴァンロッサムが開発したプログラミング言語。彼がBBC（英国放送協会）が制作したコメディー番組「空飛ぶモンティ・パイソン」が好きだったためPythonという名前が付いたといわれる。学びやすいスクリプト言語でありながら、ライブラリ（プログラムの部品）が豊富で、AI（人工知能）や機械学習に関わるプログラミングに適していることから、近年人気が高まっている。

---

6. プログラミング

フローチャート　★★★★★

処理の流れを記号を用いて視覚的に表現したもの。**流れ図**ともいう。使用する記号はJIS（日本産業規格）で定められており、基本となる処理を長方形、条件分岐を行う部分をひし形で表すなどして、処理の流れを矢印で示す。複雑なプログラムを作成する場合、まず、どんな処理をどんな順序で行うのかを明確にしておく必要がある。その処理の流れを、視覚的に理解する手立てとしてフローチャートを作成する。

流れ図　★★
→フローチャート

順次構造　★★★

プログラムの基本的な制御構造の1つ。各処理が直線的につながっていて、順番に実行する。

選択構造　★★★

プログラムの基本的な制御構造の1つ。条件に応じて処理が分岐する構造になっている。条件を満たす場合は**真**（True）、満たさない場合は**偽**（False）と判断され、それぞれ異なる処理を実行する。**分岐構造**ともいう。

分岐構造　★★★
→選択構造

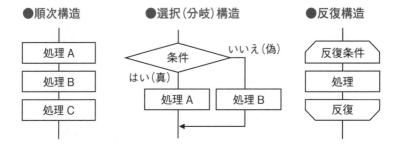

反復構造　★★★

プログラムの基本的な制御構造の1つ。条件が満たされる間は、決められた範囲内の処理を繰り返し実行する。**繰り返し構造**やループともいう。

繰り返し構造　★★★
→反復構造

状態遷移図　★★★

対象の状態がどのように変化（遷移）するのかを表す図。変化する前と後の状態を矢印で結び、変化のきっかけとなる動作や条件を記す。例えば、ボタンを押したときの状態の変化などを図にすることで、プログラムの動作が明確になり、検証もしやすくなる。

アクティビティ図　★★★★

業務プロセスやプログラム処理などの流れを記述する図。フローチャートに似ているが、アクティビティ図では並行して行う処理を記述できるなど、業務フローの記述にも向いている。

アルゴリズム　★★★★★

問題を解決する手順や計算方法を定義したもの。例えば、100個の数字の合計を求める場合、「1個ずつ順番に足していく」というアルゴリズムのほかに、「最初に10個ずつグループに分けてそれぞれ合計を求め、次にその10グループを合計する」というアルゴリズムも考えられる。アルゴリズムを図形によって視覚的に表現したものが**フローチャート**（流れ図）、それをプログラミング言語で表現したものが**プログラム**となる。

最小二乗法　★

ある2つの変数に因果関係があるとき、2つの変数の関係を表す式を「回帰式」という。この回帰式を求める手法の1つが「最小二乗法」。実際の値と回帰式との誤差が最小になるような回帰式を求めるために利用する。具体的には、実際の値との差の2乗の総和が最小になるものを探す。

探索　★★

多数のデータの中から、目的のデータを探し出すこと。探索のアルゴリズムとして**線形探索**や**二分探索**などがある。

線形探索　★★

探索の基本的なアルゴリズムの1つ。先頭のデータから順番に1つずつデータを調べていくため、データの数が多いと探索に時間がかかるのが短所。

二分探索　★★

探索のアルゴリズムの1つ。昇順（小さい順）や降順（大きい順）に並べられたデータに対し、まず中央に位置するデータを参照することで、目的のデータが前半にあるのか、後半にあるのかを判断する。仮に前半にあると分かったら、さらに前半の中央に位置するデータを参照して、その前半にあるのか、後半にあるのかを判断する。同様の処理を繰り返して目的のデータがある範囲を絞り込み、最終的に特定する。このように全体を2分割して探す処理を繰り返すことで、効率良く探索できるのが特徴。すべてのデータを順番に調べる**線形探索**よりも高速に処理できる。

二分探索法　★
→二分探索

バブルソート　★★
　並べ替え（ソート）を行うためのアルゴリズムの1つ。隣り合うデータの大小を比較して、入れ替えながら昇順（小さい順）または降順（大きい順）に整列させる。効率は悪いが、単純なのでプログラムを作成しやすい。データの比較と入れ替えは、データの末尾から順番に行う。入れ替えによりデータが動いていく様子が、水底から泡（バブル）が上がっていく様子に似ていることからバブルソートという。

変数　★★★★★
　数式などで、任意の値を取り得る文字のこと。プログラミングにおいては、任意の値を入れられる"箱"に例えられる。変数を用いて処理を記述することで、変数に入っている値に応じた処理が可能になる。例えば、プログラムに「1」と記述すると常に「1」で処理するプログラムになるが、「a」という変数で記述しておけば、「a＝3」のときは「3」、「a＝7」のときは「7」で処理することができる。すなわち「a」の中身に応じて処理を変えられるようになり、プログラムの柔軟性が高まる。変数には数値、文字列、日付、オブジェクトなどさまざまな種類のデータを格納できる。変数にデータを格納することを「代入」という。変数のデータ型を宣言することで、変数に格納できるデータの種類を制限するプログラミング言語もある。

●変数のイメージ

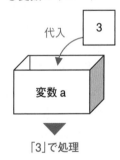

「3」で処理

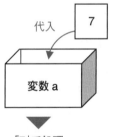

「7」で処理

代入　★★
　数式などで、**変数**に特定の値を入れること。プログラミングにおいては、データの入れ物である変数に数値や文字列などのデータを入れることをいう。変数に値を代入するときに使う記号（演算子）を「代入演算子」と呼び、例えば「＝」を代入演算子として使うプログラミング言語では、「a＝1」で「変数aに1を入れる」という命令になる。

演算子　★★★
　演算を表す記号のこと。例えば「1＋2」という式では、「＋」が演算子になる。算術演算子と論理演

算子があり、一般に、算術演算子には、加算（＋）、減算（－）、乗算（＊）、実数除算（／）、指数演算（＾）などがあり、論理演算子には、論理積（AND）、論理和（OR）、否定（NOT）などがある。

比較演算子　★★

数式やプログラミングにおいて、データの大小を比較するための記号（演算子）。例えば表計算ソフトウェアの「Excel」では、等しい（＝）、より大きい（＞）、以上（＞＝）、より小さい（＜）、以下（＜＝）、等しくない（＜＞）などを使う。言語によっては、「＝」を代入演算子として使うため、等しいを「＝＝」で表すものもある。

論理演算子　★

プログラミングにおいて、**論理演算**に用いる記号（演算子）。言語によって異なり、例えば JavaScript や C 言語では、論理積（AND）を「&&」、論理和（OR）を「||」、論理否定（NOT）を「！」で表す。

論理エラー　★

プログラムで問題になるエラーの分類の1つ。プログラムの文法や構文に問題はなく実行途中で止まることはないが、正しい結果が得られないこと。アルゴリズム自体に論理的な誤りがある場合に発生する。このほか、プログラムの記述に文法上の誤りがある「構文エラー」、プログラムの実行中に何らかのミスが原因で処理が止まる「実行時エラー」などがある。

予約語　★

プログラミング言語において、あらかじめ使用法が定められている文字列のこと。予約語に指定されている文字列は、プログラム名や変数名などの「識別子」に使用することができない。

関数　★★★★

表計算ソフトウェアにおいては、指定した文字や数値に対して一定の処理を行い、その結果を出力する数式上の機能。例えば、表計算ソフトウェアの「Excel」で「SUM」という関数を使うと、指定したセル範囲にある値の合計を自動で求められる。ほかにも平均値などを計算する統計関数、年月日を計算する日付関数、利息や減価償却などの財務関数、必要条件などを指定する論理関数といった多彩な関数が用意されている。関数が処理の対象とする文字や数値、設定値などを**引数**（ひきすう）と呼び、関数が処理した結果の値を**戻り値**や返り値と呼ぶ。一方、プログラミングにおいては、与えられた値やデータを基に、決まった処理を実行してその結果を返す命令やプログラムのことを関数といい、言語に標準で用意されているものを**組み込み関数**、独自のプログラムを記述して定義したものを**ユーザ定義関数**と呼ぶ。

引数（ひきすう）　★★★

表計算ソフトウェアにおいては、数式の中で**関数**を利用するときに指定する、関数の処理や計算に必要な数値や文字列のこと。例えば、合計を求める「SUM」という関数の場合、計算対象とする数値を引数として指定する。プログラミングにおいては、関数や API などの

別のプログラムを呼び出して利用するときに、それらに受け渡す値やデータなどを引数と呼ぶ。

戻り値　★★★

表計算ソフトウェアやプログラミングにおける関数などが、処理を終了して結果として戻す値のこと。「返り値」ともいう。

組み込み関数　★★

プログラミング言語が標準で用意している関数。「ビルトイン関数」とも呼ばれる。例えば Python には「print」という組み込み関数が用意されていて、print 関数に引数として値を渡すと、その値が結果として出力される。

ユーザ定義関数　★★

プログラミングにおいて、ユーザが独自のプログラムを記述して定義した関数のこと。決まった処理を関数として定義しておくことで、メインのプログラムからその処理を繰り返し呼び出して実行できるようになる。

グローバル変数　★★

プログラムの中で利用する変数のうち、プログラムのどこからでも利用できる変数のこと。例えば、関数の外側でも内側でも同じ変数として利用できる。これに対し、特定の範囲内でしか使えない変数をローカル変数という。

ローカル変数　★

プログラムの中で利用する変数のうち、関数など一定の範囲の中でのみ利用できる変数のこと。これに対し、プログラムのどこからでも利用できる変数をグローバル変数という。

配列　★★★★

プログラミングにおいて、複数のデータを1つの組にしてまとめて管理する仕組み（データ構造）の1つ。データを入れる箱を複数並べてセットにし、1箱ずつ番号を付けたものをイメージするとよい。個々のデータを要素といい、各データに付けた番号を添字（そえじ）またはインデックスと呼ぶ。配列の名前と添字により、個々の要素を指定することができる。要素が1列に並び、1つの添字で管理できるものを「一次元配列」、要素が縦横に並び、2つの添字で管理するものを「二次元配列」と呼ぶ。

●配列のイメージ

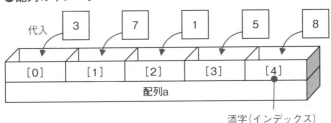

代入　3　7　1　5　8

[0]　[1]　[2]　[3]　[4]

配列a

添字（インデックス）

要素　★
　配列に含まれる個々のデータのこと。各要素は添字（インデックス）を用いて指定することができる。

インデックス　★★
　→添字

リスト　★★
　プログラミングにおいて、複数のデータを 1 つの組にしてまとめて管理する仕組み（データ構造）の 1 つ。データと、その次のデータの位置を表す情報（ポインタ）から成り、要素を数珠つなぎにしたイメージを持つ。配列と似たような用途に使えるが、配列よりもデータの追加や挿入、削除が容易であるのが利点。

添字さえじ　★★
　プログラミングで用いる**配列**において、個々の要素を指定するための番号。**インデックス**とも呼ばれる。多くのプログラミング言語では、添字は 0 から始まり、先頭の要素を「0」、2 つめの要素を「1」……と指定する。

ライブラリ　★★
　特定の処理を実現するプログラムを、ほかのプログラムから呼び出して利用できるようにしたもの。

プログラム開発を効率化するための仕組みで、ライブラリを活用することで、いちからプログラミングすることなく目的の機能を実現できるようになる。定番的な機能を実現するライブラリは、プログラミング言語に標準で付属していたり、インターネット上で公開されていたりする。

テスト　★
　プログラムの動作を確認すること。プログラムが設計通りに動いているか、動作速度は適切か、エラーが発生しないかなどを検証し、問題があれば修正する。

デバッグ　★★
　プログラムの誤り（バグ）を発見して修正すること。実行した結果やソースコード、実行したときの動作などを細かく調べることで誤りを見つけ出す。通常は「デバッガ」と呼ばれる専用のツールを利用する。

バグ　★★
　プログラム上にある誤りや不具合のこと。バグ（bug）は小さな虫を意味し、転じて機械やソフトウェアの欠陥を指すようになった。バグを修正する作業をデバッグ（debug）と呼ぶ。

7.　モデル化とシミュレーション

モデル　★★★
　物や事象の特徴、性質を抽出して単純化、抽象化し、その構造や関

係性などを把握しやすくしたもの。シミュレーションを通じた分析や予測に活用する。

モデル化　★★★★★

物や事象の特徴、性質を抽出して単純化、抽象化した**モデル**を作成すること。実際の物を縮小して再現した模型（モデル）を作ると、それを使って全体を見通したり、動かしてシミュレーションをしたりできる。同様に、複雑な事象を単純化し、その特徴や性質を表すモデルを作成することで、モデルを使った分析やシミュレーションが可能になる。

シミュレーション　★★★★★

物や事象の特徴を抽出して単純化したモデルを作り、それを用いて模擬的に実験や再現をして、結果を推定したり予測したりすること。コストや時間、安全性などの課題により現実には実施できないような検証も、モデルを用いることで疑似的に実施することができる。数式モデルを用いると、コンピュータによる計算で効率良くシミュレーションできる。

物理モデル　★★

表現方法によるモデルの分類の1つ。物理的な形状を表現するモデルで、実物モデル、拡大モデル、縮小モデルがある。

論理モデル　★★

表現方法によるモデルの分類の1つ。物事や現象を図や数式で表現するモデルで、図的モデルと数式モデルがある。

静的モデル　★★

時間の概念の有無によるモデルの分類の1つ。時間による変化を考慮する必要のない事象をモデル化したもの。

動的モデル　★★

時間の概念の有無によるモデルの分類の1つ。時間の経過により変化する事象をモデル化したもの。

確定的モデル　★★

不確定な要素の有無によるモデルの分類の1つ。偶然的で不確定な要素がなく、規則的に変化する事象をモデル化したもの。

確率的モデル　★★

不確定な要素の有無によるモデルの分類の1つ。偶然的で不確定な要素があり、不規則に変化する事象をモデル化したもの。

実物モデル　★★

実物を用いたモデル。例えば、実験室の中に実験用の空間を用意し、その中に実物を入れて特定の環境下での状態の変化を調べるような場合に用いる。

数式モデル　★★

数式を用いて事象をモデル化したもの。例えば、距離と速さと時間の関係を数式で表した「距離＝速さ×時間」などのモデルが挙げられる。数式モデルを利用することで、ある要素が変化したときの結果を数式で計算し、シミュレーションすることができる。

図的モデル　★★

図を用いて事象をモデル化したもの。例えば、組織の関係や階層を図で表した組織図、鉄道の経路を分かりやすい模式図にした路線図などが挙げられる。

モンテカルロ法　★★

乱数を用いた試行を何度も繰り返すことで、シミュレーションや数値計算をする手法。例えば、モンテカルロ法で円周率を求める場合、正方形の内側にぴったり収まる円を描いたうえで、この正方形の内側に乱数を用いて無数の点を打っていく。すると打った点の総数（数が多いほど正方形の面積に近づく）と、円の内側に入った点の数（数が多いほど円の面積に近づく）の比率、および円の面積を求める公式から、円周率を逆算することができる。

乱数　★★★

サイコロの出目のように、どれが出るかという点に規則性がなく、どれも同じ確率で出現し得る予測不能な数値のこと。多くのプログラミング言語には、乱数を発生させる関数が用意されている。

待ち行列　★★

あるサービスを受けるために、店舗などで人が順番を待つときに生まれる列のこと。例えば店舗において会計を待つ列を考えると、並ぶ客の数に対してレジが少なく処理が遅れると、待ち行列は長くなる。一方、客の数が少ないのにレジの数が多いと、1人も客が並ばないレジが発生するなどの無駄が生じる。つまり、客がレジに来る間隔や会計にかかる時間、レジの数などを基に待ち時間や行列の長さをシミュレーションして、レジの数や運用の最適化をする必要がある。そのためのモデルやシミュレーションの手法などを理論化したものを「待ち行列理論」と呼ぶ。

Column　プログラミング言語「DNCL」って何？

　大学入学共通テストの「情報Ⅰ」のプログラミング問題では、テスト用に考案された疑似的なプログラミング言語「共通テスト手順記述標準言語」が使われる。「DNCL」と呼ばれるものだ。高等学校の授業では通常、PythonやJavaScript、VBAなどの一般的なプログラミング言語が使われているが、テスト問題に特定の言語を取り上げると、その言語を学んでいたかどうかで有利不利が生じてしまう。そのため、大学入学共通テストでは疑似的な言語であるDNCLが採用される。

　DNCLの特徴は、プログラムの一部を日本語で表現すること。例えば、ある条件を満たすかどうかを判定して処理を分岐させる場合、多くの言語では「if」を使うが、DNCLでは「もし〈条件〉ならば：」などと日本語で表現する。

　とはいえ、選択（分岐）、反復（繰り返し）といった基本的な制御構造があり、変数を使ったり関数を呼び出したりする点は一般的な言語と共通だ。プログラミングの考え方に従って処理の流れを理解し、組み立てることができれば、DNCLと他の言語の違いを特に意識する必要はない。

第4章
情報通信ネットワークとデータの活用

1. 情報通信ネットワーク

コンピュータネットワーク　★★
　コンピュータ同士を接続して、互いにデータをやり取りできるようにした通信網のこと。ネットワークの規模により、比較的狭い区域内の **LAN**（ローカルエリアネットワーク）や、より広域を結ぶ **WAN**（広域情報通信網）に分類される。これらの通信網を互いに接続して、世界を網羅するような巨大なネットワークになったものが**インターネット**である。

●コンピュータネットワーク

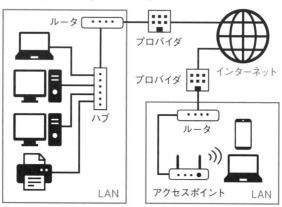

ネットワーク　★★★
　コンピュータ分野では、複数のコンピュータを接続して、データをやり取りできるようにした通信網のことを指す。主に **LAN** やインターネットを指すことが多い。コンピュータなどの機器をネットワークに接続するには、**ハブ**と呼ばれる集線装置に LAN ケーブルをつなぐ。電波を使った**無線 LAN** の場合は、「アクセスポイント」と呼ばれる機器がハブの役割を担う。ネットワーク同士は**ルータ**と呼ばれる中継装置により接続される。

広域ネットワーク　★★
　→ WAN

WAN ?　★★★★★
　狭い区域のコンピュータネットワークである LAN 同士を接続して、より広い区域でデータをやり取りできるようにしたコンピュータネットワーク。「Wide Area Network」の略で、**広域ネットワーク**や「広域情報通信網」ともいう。離れた場所にある LAN 同士を接続したネットワークで、広域イーサネット、IP-VPN、インターネット VPN などを使う例が多い。

プロバイダ　★★★

　一般には、インターネットの接続事業を行うインターネット・サービス・プロバイダ（ISP）を指す。そもそもは「供給者、提供者」の意味であり、ニュースなどの情報を提供するインフォメーションプロバイダや、情報の中身（コンテンツ）を提供するコンテンツプロバイダなどを指す場合もある。

ISP アイエスピー　**★★★**
→プロバイダ

ローカルエリアネットワーク　★★
→ LAN

LAN ラン　**★★★★★**

　建物や施設の中など、比較的狭い区域内に設置したコンピュータネットワークのこと。**ローカルエリアネットワーク**（Local Area Network）の略。ケーブルでつないで構築するものを有線 LAN、Wi-Fi などの無線通信（電波）で構築するものを無線 LAN と呼ぶ。

イーサネット　★

　ケーブルを使って LAN を構築する際の、ケーブルやデータ形式に関する規格。伝送速度が 100Mbps、1Gbps、10Gbps などの規格があり、現在普及している 1Gbps の規格は「ギガビットイーサネット」などと呼ばれる。

ルータ　★★★★

　ネットワーク同士を接続してデータ（パケット）転送の作業を受け持つ機器。宛先の IP アドレスに対して最適な経路を選択し、次のネットワークに乗せ換える処理を

加えてデータを送り出す。各ルータがこの作業を繰り返すことで、異なるネットワークにあるコンピュータにデータが届く。

ルーティング　★★

　コンピュータネットワークにおいて、データを転送するための経路を制御すること。データ（**パケット**）に含まれる宛先情報に基づいて転送先を決定する。インターネットでは、パケットに記載された IP アドレスに基づいてルーティングを行う。ルーティングを行う機器を**ルータ**と呼ぶ。

スイッチ　★★

　コンピュータネットワークでは、データの宛先情報を解析して転送先を切り替える機器、またはその動作を指す。LAN では**スイッチングハブ**が主に使われる。

ハブ　★★★★★

　LAN にパソコンなどの機器を接続するための集線装置。各パソコンの LAN 端子と LAN ケーブルで接続して使う。無線 LAN では**アクセスポイント**がハブの役割を担う。

スイッチングハブ　★

　ハブの一種。データの宛先の **MAC** アドレスを解析し、受け取る機器が接続された経路にのみデータを転送する。LAN 全体の負荷を低減すると同時にセキュリティを確保できる。

無線 LAN ラン　**★★★**

　無線（電波）によるデータ通信で LAN に接続する技術。機器同士

をLANケーブルでつなぐ必要が
ないので、機器の取り扱いが簡単
になる。無線 LAN の接続規格で
ある**Wi-Fi**（ワイファイ）という
ブランド名で呼ばれることも多い。
パソコンやスマートフォンなどの
子機が、親機である**アクセスポイ
ント**に接続し、アクセスポイント
からルータを介してインターネッ
トなどに接続する。不特定多数の
利用者向けにアクセスポイントを
提供する、「公衆無線 LAN サー
ビス」もある。

無線 LAN アクセスポイント　★
→アクセスポイント

アクセスポイント　★★★
ネットワークに外部から接続（ア
クセス）するための受け口。一般
には、無線 LAN の親機を指す。
パソコンやスマートフォンなどの
子機は、無線（電波）によりアク
セスポイントに接続し、そこから
ルータを介してインターネットな
どに接続する。無線 LAN のアク
セスポイントとルータが一体化し
たものを無線 LAN ルータ、ある
いは Wi-Fi ルータと呼ぶ。

暗号化　★★★★★
情報を一定の規則で組み替え、第
三者が判読したり利用したりでき
ないようにすること。インター
ネットなどのコンピュータネット
ワークでは、不特定多数の人が通
信回線を利用するため、そこを流
れるデータを盗み見られたり、改
ざんされたりする恐れがある。情
報の機密性を守るためには、デー
タを暗号化して送受信するなどの
対策が必要になる。

有線 LAN　★
コンピュータなどの機器同士を
ケーブル（線）でつないで構築す
る LAN のこと。ケーブルを使わ
ずに電波で情報をやり取りする**無
線 LAN** に対する言葉として使わ
れる。

クライアント　★★★★
コンピュータネットワーク上で、
ほかのコンピュータやソフトウェ
アからサービスを受ける側のコン
ピュータまたはソフトウェアのこ
と。本来は「依頼人」や「顧客」
などを意味する言葉。逆にサービ
スを提供する側のコンピュータや
ソフトウェアを**サーバ**と呼ぶ。

サーバ　★★★★
コンピュータネットワーク上で、
ほかのコンピュータに対して各種
のサービスを提供するコンピュー
タまたはソフトウェア。ファイル
を共有するためのファイルサーバ、
データベースを管理するデータ
ベースサーバ、電子メールの機能
を提供するメールサーバ、Web
サイトを提供する Web サーバな
ど、さまざまな種類がある。複数
のサーバ機能を 1 台のコンピュー
タで実現したり、複数台のコン
ピュータで処理を分散したりもで
きる。

クライアント・サーバ方式　★
→クライアントサーバシステム

クライアントサーバシステム　★★
サーバ側のコンピュータとクライ
アント側のコンピュータが、互い
に処理を分担しながら連携して動
作するシステム。例えばメール

サーバの場合、メールを送受信する処理やメールを保管する機能をサーバ側が担い、利用者がメールを書いたり閲覧したりする機能はクライアント側が担う。インターネットのWebサイトの場合、クライアント側の要求に応じてWebサーバ側がWebサイトの内容を提供し、クライアント側が画面に表示する。

ファイルサーバ　★

ファイルを保存、管理するためのサーバ。ネットワークに接続された複数のクライアントからファイルにアクセスできるので、複数人でのファイル共有や共同での編集が容易になる。ファイルの閲覧や編集が可能な対象者を限定するなどのアクセス管理機能を備えるものが多い。

プリントサーバ　★

プリンタを制御するためのサーバ。プリントサーバに接続されたプリンタは、同じネットワークに接続されたコンピュータ（**クライアント**）から使用可能になる。1台のプリンタを複数台のコンピュータで共用できるのが利点。

ピアツーピアシステム　★★

クライアントサーバシステムにおけるサーバとクライアントのような主従関係ではなく、コンピュータ同士が互いに対等の立場で連携するシステム。例えば、インターネットにつながったコンピュータ同士が、サーバを介さずに直接ファイルをやり取りする**ファイル交換ソフトウェア**などがある。ピアは「対等」の意味で、ピアツーピア（Peer to Peer）を「P2P」と略すこともある。

ファイル交換ソフトウェア　★

インターネット上の多数のコンピュータを対等な関係（ピアツーピア）で接続し、互いが直接通信しながら、バケツリレーのようにデータを転送し合うことでファイルをやり取りするソフトウェア。

2.　データ伝送の仕組み

プロトコル　★★★★★

コンピュータ同士が通信を行う際の手順やルールを定めたもの。物理的な接続方法から、データのやり取りの方法まで、通信の階層、目的ごとにプロトコルが策定されている。例えば、インターネットではTCP/IPというプロトコルが主に使われる。このほか、WebサーバとWebブラウザの間で使うHTTP、電子メールの転送に使われるSMTP、メールの受信（ダウンロード）に使われるPOPなど、さまざまなプロトコルがある。

通信プロトコル　★★
→プロトコル

TCP/IP　ティーシーピーアイピー　★★★★

インターネット通信で主に利用さ

れている、「TCP（Transmission Control Protocol）」と「IP（Internet Protocol）」を代表とする複数のプロトコルの総称。LAN でも利用される。**アプリケーション層、トランスポート層、インターネット層、リンク層**（ネットワークインタフェース層）の４階層モデルで通信を行う。

OSI〔オーエスアイ〕参照モデル　★

コンピュータ同士が通信する際に利用するプロトコルを７つの層（**レイヤー**）に分けて整理したモデル。国際標準化機構（ISO）が策定した。通信の手順や役割を物理層（第１層）、データリンク層（第２層）、ネットワーク層（第３層）、トランスポート層（第４層）、セッション層（第５層）、プレゼンテーション層（第６層）、アプリケーション層（第７層）に分けて定義している。一方、TCP/IP のモデルは、リンク層（第１層）、インターネット層（第２層）、トランスポート層（第３層）、アプリケーション層（第４層）の４階層に分けられている。

アプリケーション層　★

インターネットで利用される TCP/IP などのプロトコル群を４階層に分けて整理したときの第４層。ファイルの転送や Web ページの表示、電子メールの送受信など、個々のプログラムがデータをやり取りする具体的な手順を規定する。HTTP、SMTP、POP、IMAP などのプロトコルが該当する。OSI 参照モデルにおけるセッション層（第３層）からアプリケーション層（第７層）に相当する。

トランスポート層　★★

インターネットで利用される TCP/IP などのプロトコル群を４階層に分けて整理したときの第３層。データのエラーを訂正したり再送したりといった通信管理機能を規定する。TCP などのプロトコルが該当する。OSI 参照モデルでは第４層に同名の層がある。

インターネット層　★★

インターネットで利用される TCP/IP などのプロトコル群を４階層に分けて整理したときの第２層。コンピュータのアドレスなどを基に通信経路を選択してデータを送るなどの処理を担う。IP などのプロトコルが該当する。OSI 参照モデルにおけるネットワーク層（第３層）に相当する。

リンク層　★

インターネットで利用される TCP/IP などのプロトコル群を４階層に分けて整理したときの第１層。ネットワークインタフェース層とも呼ばれる。ネットワーク機器がデータを電気信号などに変換して送受信する機能などを定義する。イーサネットや無線 LAN（Wi-Fi）などが該当する。OSI 参照モデルにおける物理層（第１層）とデータリンク層（第２層）に相当する。

パケット　★★★★★

データ通信における転送データの単位。インターネットで用いられる TCP/IP のプロトコルでは、データを決められた大きさで分割し、それぞれに送信先などの情報（**ヘッダ**）を付加したパケットとして転送する。パケット（packet）

は英語で「小包」を意味する。

ヘッダ情報　★

データや文書の先頭に付加される情報のこと。電子メールのヘッダには、宛先や件名、日付、経由したサーバなどの情報が書き込まれる。インターネットでやり取りされる**パケット**には、TCPの層ではTCPヘッダ、IPの層ではIPヘッダが付加される。IPヘッダには送信先や送信元のIPアドレスなどの情報が記される。パケットのヘッダは、小包に付けた荷札に例えられる。

パケット交換方式　★★★★

データを**パケット**と呼ばれる小さな単位に分割して送受信する通信方式。各パケットには、宛先のほか、データ全体の中のどの部分かを示す情報などがヘッダとして付加される。誤りの検出や訂正のための情報も付加されるので、エラーが起こりにくい。パケット通信では、1つの通信回線に送信元や送信先の異なる通信のパケットを混在させることができ、**回線交換方式**のように通信中の利用者が占有し続けることがないので、回線を効率良く利用できる。インターネットなど、デジタル通信ではこの方式が広く使われる。携帯電話のデータ通信サービスもほとんどがパケット通信であり、送受信したパケットの量に応じて課金するものもある。

回線交換方式　★★

以前のアナログ電話回線のように、利用者を1対1の直通回線でつなぐ仕組みを持つ通信方式。一度通信が確立されると、その回線は通信中の利用者に占有されてしまうため、ほかの人は回線を使えなくなり効率が悪い。

bps ビービーエス　★★★

データの伝送速度を表す単位の1つ。「bits per second」の略で、「ビット／秒」とも表記する。1秒間に伝送するビット数を表し、例えば「1Gbps」は1秒間に1G（ギガ）ビットのデータを伝送することを示す。

IP アイピー　★★

「Internet Protocol」の略で、インターネットで使われる基本的な通信プロトコル。上位のプロトコルである**TCP**やUDPなどと合わせて、**TCP/IP**としてまとめて扱われることが多い。

IP アイピー アドレス　★★★★★

インターネットに接続されるコンピュータを識別するために、各コンピュータに割り振られる数字列。インターネット・サービス・プロバイダ（ISP）を通じて接続する場合は、サーバが自動的に割り当てる。IPアドレスは、**IPv4**というプロトコルでは32ビット、**IPv6**というプロトコルでは128ビットの数値であり、8ビットまたは16ビットずつに区切って表記する。

IPv4 アイピーブイフォー　★★★

「Internet Protocol version 4」の略で、インターネットで使う**IP**プロトコルのバージョン4のこと。32ビット長のアドレスで、通信相手を特定する。32ビットを8ビットずつ4つの部分に区切り、その区切り単位で10進数に置き換えて「192.168.0.1」のような形で表記す

ることが多い。32ビット長で割り当て可能なアドレスは約43億個だが、インターネットに接続される機器が世界中で増えた結果、その数が不足する「IPアドレス枯渇問題」が発生。後継のIPプロトコルとして、アドレスを128ビット長にした**IPv6**が制定された。

●IPv4アドレスの例

8ビット　＋　8ビット　＋　8ビット　＋　8ビット　→　32ビット

192 . 168 . 0 . 1

(0〜255)　　(0〜255)　　(0〜255)　　(0〜255)
256通り　×　256通り　×　256通り　×　256通り　→　約43億通り

●IPアドレスでコンピュータを識別

宛先 10.100.0.12
私は「192.168.0.1」です。データをください。

IPアドレス
192.168.0.1

宛先 192.168.0.1
いいですよ。データをどうぞ。

IPアドレス
10.100.0.12

IPv6 アイビーブイシックス ★★★
「Internet Protocol version 6」の略で、インターネットで使われる**IPv4**プロトコルの後継バージョン。最大の機能強化点はアドレスの数を増やしたこと。IPv4では約43億個だった最大アドレス数を、その4乗（43億×43億×43億×43億）個へと拡大した。全人類が1人1兆個使ってもまだ余りがあるので、コンピュータだけでなく家電や自動車など、あらゆる身の回りのものにIPアドレスを割り振ることが可能になる。

DHCP ディーエイチシーピー ★★
コンピュータが起動したときにIPアドレスを自動的に割り当て、終了したらIPアドレスを回収する機能。管理者は、DHCP対応のサーバ（DHCPサーバ）に、利用可能なIPアドレスの範囲を登録しておく。コンピュータは起動すると、DHCPサーバに対して、IPアドレスの割り当てを要求する。DHCPサーバはIPアドレスの使用状況を管理し、使用されていないIPアドレスの1つを割り当てる。

MAC マックアドレス ★
ネットワーク機能を備えた機器同士が、通信相手を識別するために用いる固有の番号。「物理アドレス」とも呼ぶ。48ビットで構成し、通常は「00-C0-4F-CA-AA-41」のように、ハイフンまたはコロンで

区切った16進数12桁で表現する。コンピュータやルータ、無線LAN子機など、イーサネットに接続する機器には必ず、個別のMACアドレスが割り当てられている。なお、MACは「Media Access Control」の略。

グローバルIP ${}_{\text{アイ}}$ アドレス　★★

インターネットに接続されるコンピュータに割り振られるIPアドレスのうち、インターネット上でのコンピュータの識別に用いるもの。「グローバルアドレス」ともいう。一方、LANによる限られたネットワーク内で割り振られるIPアドレスをプライベートIPアドレスという。

プライベートIP ${}_{\text{アイ}}$ アドレス　★★

LANによる限定されたネットワーク内のコンピュータに独自に割り振ることができるIPアドレス。「プライベートアドレス」または「ローカルアドレス」ともいう。プライベートIPアドレスが割り振られたコンピュータをインターネットにつなぐ際には、ルータがプライベートIPアドレスをグローバルIPアドレスに変換する。

3. Webページの閲覧と電子メール

Web ${}_{\text{ウェ}}^{\text{ブ}}$　★

インターネットで情報を共有するための仕組みの1つ。「World Wide Web」を省略した呼び方であり、WWWとも略す。インターネット上で閲覧できるようにした情報を含むページをWebページと呼び、それを複数束ねてひと固まりにしたものをWebサイトと呼ぶ。データ転送プロトコルのHTTP、Webページの保管場所を指定するURL、ページ記述言語のHTMLなどの技術が基本になる。

WWW ${}_{\text{リュダブリュ}}^{\text{ダブリュダブ}}$　★★★★

インターネットで情報を共有するための仕組みの1つであるWebのこと。インターネットが普及しつつあった時期は「World Wide Web」の略称として広く利用されたが、次第にWebという略称が一般的になった。WebサイトのURLでは、ドメイン名の先頭に「www.」が付くものが多い。

ワールドワイドウェブ　★★
→ WWW

W3C ${}_{\text{スリーシー}}^{\text{ダブリュ}}$　★

インターネットのWebに関する技術の標準化を進めてきた団体「World Wide Web Consortium」のこと。1994年に設立され、HTMLのようなWebでやり取りするドキュメントの仕様などを策定してきた。2019年以降は、アップル、モジラ財団、グーグル、マイクロソフトなどが参加する団体WHATWG（Web Hypertext Application Technology Working Group）が標準化の役割を担っており、W3Cの仕様は2021年に廃止された。

Webサーバ　★★★

インターネットのWebページを保存、管理、配信するサーバ。Webサーバ上にコンテンツとしてHTMLファイルや画像ファイルなどを保存しておき、Webブラウザからの要求に応じて、それをWebブラウザへ送信する。WebブラウザとWebサーバの間でデータを送受信するときには**HTTP**というプロトコルが使われる。

プロキシサーバ　★★

LAN内のコンピュータが外部のインターネットに接続する際に、その間に設置してセキュリティを高めるためのサーバ。「代理サーバ」または単に「プロキシ」ともいう。LAN内のコンピュータからの要求に従って、代わりにインターネットのコンテンツを取得し、要求元に送り届ける。インターネット側からはプロキシサーバしか見えないため、通信の秘匿性が向上するほか、LAN内の各コンピュータはインターネット側からの攻撃を受けずに済むのでセキュリティが向上する。通過するデータの中身をチェックすることで通信を制御したり、内容を変更したりする機能を持たせることもある。例えば、IPアドレスやURL、含まれる単語などによって、プロキシサーバで通信を遮断（**フィルタリング**）することもできる。

Webブラウザ　★★★

インターネットのWebページを閲覧（ブラウズ）するためのソフトウェア。単に「ブラウザ」とも呼ぶ。マイクロソフトの「Edge」、グーグルの「Chrome」、アップ

ルの「Safari」などが代表的。

ブラウザ　★

→ Webブラウザ

Webページ　★★★

インターネット上で公開されるコンテンツのうち、Webブラウザ画面に一度に表示されるデータのまとまりを指す。Webページを構成するデータには、文字情報やレイアウト情報を含むHTMLファイルのほか、画像、動画、音声などがある。Webページ上でJavaScriptなどのプログラムを動作させることも多い。広い意味で「ホームページ」と呼ぶ場合もあるが、ホームページは本来、Webサイトの入り口として位置付けられるWebページなどを指す。

URL　★★★★

インターネット上の情報がある場所と通信方式を指定する文字列のこと。「アドレス」ともいい、Webブラウザのアドレス欄などに入力して必要な情報を取り出す際に使用する。例えば、「http://joho.example.com/joho/index.html」というURLなら、通信方式として「HTTP」プロトコルを使い、「joho.example.com」というドメイン名が割り振られたWebサーバにアクセスし、そこで「joho」ディレクトリにある「index.html」というファイルを取得してWebブラウザに表示する。URLは「Uniform Resource Locator」の略。

ハイパーテキスト　★★★

文書内に埋め込まれた**リンク**をたどることで、関連した情報を次々

と表示させていく仕組み。同じ文書内の別の場所に移動したり、別の文書を開いたりできる。インターネットの Web ページでは、Web ブラウザに表示された文字や画像をクリックすることで、そこに結び付けられた別の Web ページなどへ移動できる。

HTTP ｴｲﾁﾃｨｰﾃｨｰﾋﾟｰ　★★★★★

Web でデータをやり取りするためのプロトコル。Web サーバから Web ブラウザへと HTML ファイルや画像ファイルなどを送信したり、Web ブラウザで入力した情報を Web サーバへ送信したりする際に用いられる。インターネットの標準プロトコルである **TCP/IP** 上で動作する。

HTTPS ｴｲﾁﾃｨｰﾃｨｰﾋﾟｰｴｽ　★★★

Web サーバと Web ブラウザの間の通信で使うプロトコル **HTTP** に、**SSL/TLS** という認証・暗号化の機能を付加したプロトコル。HTTPS に対応した Web ページであれば、クレジットカード番号や個人情報などをフォームに入力して送信する場合も、通信の途中で盗聴される危険を避けられる。HTTPS での通信中は、URL の先頭部分（スキーム）は「https」に切り替わる。アドレス欄などに鍵のマークを表示する Web ブラウザが多い。

ドメイン名　★★★★★

インターネットにつながった個々のネットワークに割り当てられる名前のこと。URL や電子メールアドレスなどに使われる。例えば「example.co.jp」というドメイン名は、Web サイトの URL「www.example.co.jp」や電子メールアドレス「taro@example.co.jp」などに使われる。ドメイン名の文字列は、右側からトップ・レベル・ドメイン、セカンド・レベル・ドメイン、サード・レベル・ドメインのように呼び、トップ・レベル・ドメインには「jp」（日本）、「cn」（中国）、「fr」（フランス）などの国名などを表す文字列、または「com」（商取引事業者）、「org」（非営利団体）、「edu」（教育機関）などの文字列が用いられる。セカンド・レベル・ドメインには、「co」（会社）、「go」（政府機関）、「ac」（大学）などと組織の種類を表す文字列が用いられる。インターネット上では **DNS** と呼ぶ仕組みで、ドメイン名と IP アドレスが相互変換される。英語の「domain」はもともと「領土、所有地」などの意味。

●URLの構成

ドメイン名

https://www.example.co.jp/info/index.html

スキーム（通信方式）　　サーバ名（ホスト名）　　サード・レベル・ドメイン（組織名など）　　トップ・レベル・ドメイン（国名など）　　パス名（ファイルの場所や名前）

セカンド・レベル・ドメイン（組織の種類）

DNS ディーエヌエス　★★★★

「Domain Name System」の略で、インターネットに接続されたコンピュータの**ドメイン名**と**IPアドレス**の対応付けや、両者を置き換える機能などを提供する仕組みのこと。このような置き換えを「名前解決」という。インターネットの通信プロトコルである**TCP/IP**では、各コンピュータに割り当てられたIPアドレスでコンピュータを識別する。しかし、数字の羅列であるIPアドレスよりも「www.example.co.jp」のようなドメイン名の文字列のほうが人間には分かりやすいし覚えやすい。そこで、IPアドレスに分かりやすいドメイン名（文字列）を割り当て、DNSによりIPアドレスに変換して、Webサーバなどにアクセスしやすくする仕組みが考え出された。この変換を担うサーバを「DNSサーバ」と呼ぶ。

DNS ディーエヌエス サーバ　★★

DNSの仕組みを提供するインターネット上のサーバ。原則としてドメイン名を持つ各組織が運営しており、世界に13個あるルートサーバを頂点とする階層構造を持つ。DNSサーバに問い合わせる側は、階層構造をたどりながら、複数のDNSサーバの対応表を用いて名前を解決する。

●DNS（名前解決）の仕組み

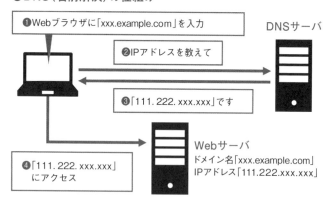

❶Webブラウザに「xxx.example.com」を入力

DNSサーバ

❷IPアドレスを教えて

❸「111.222.xxx.xxx」です

Webサーバ
ドメイン名「xxx.example.com」
IPアドレス「111.222.xxx.xxx」

❹「111.222.xxx.xxx」にアクセス

短縮URL ユーアールエル　★

WebページのURLを、十数文字程度の短いURLに変換し、その短いURLでアクセス可能にするサービス。短縮URLをクリックすると、サービスを提供するWebサイトにアクセスした後、瞬時に元のURLのWebページに切り替わる。短縮URLを利用することで、文字数の多いURLを持つWebページなどを簡潔に紹介できるのが利点。半面、短縮URLでは本来のリンク先のドメイン名などを判別できないため、詐欺サイトなど予想外のWebページへ誘導される危険性もある。

ダウンロード　★★

通信回線を経由して遠隔地のコンピュータにあるデータを手元の機器で受信すること。一般にはプログラムやデータなどのファイルを手元のコンピュータにコピーして保存する操作を意味する。サーバ上にある電子メールのメッセージや Web ページなどをネットワーク経由で読み出して表示する操作を指すこともある。反対の操作を「アップロード」と呼ぶ。

ストリーミング　★★★

ネットワーク上にある音声や動画などのデータを、転送しながら再生する方式。データをすべてダウンロードしてから再生する方式に比べ、再生を開始するまでの待ち時間が短縮される。再生する機器の側には、通常のファイルとしてデータが保存されない。

電子メールアドレス　★★

電子メールを送信する際に、宛先を指定するために用いる住所のような文字列。「taro@example.com」といった形式をとり、「@（アットマーク）」記号の左側にユーザ名（アカウント名）、右側にドメイン名を書く。メールの送信側は、ドメイン名を基に宛先のメールサーバに送信。そのメールサーバは、ユーザ名を基にユーザごとに用意されているメールボックスにメールを振り分ける。

●電子メールアドレスの構成

taro@example.com

ユーザ名　　　　　ドメイン名
（アカウント名）

メールサーバ　★★★

電子メールの機能を提供するサーバ。現実社会における郵便局のような役割を担う。利用者がメールを書いて送信すると、まず送信側のメールサーバに送られる。メールサーバは電子メールアドレスのドメイン名を DNS サーバに問い合わせて、受信側のメールサーバを特定し、転送する。受信側のメールサーバには、電子メールアドレスごとのメールボックス（メールの保存領域）があり、そこに受信メールが蓄積される。利用者は、電子メールソフトウェアなどを用いて自分のメールボックスにアクセスし、受信メールを取得して読む。

POP ポップ　★★★★

メールサーバに届いた電子メールを、パソコンなどの端末側にダウンロードするときに利用するプロトコルの1つ。「Post Office Protocol」の略。バージョン3である「POP3」が広く利用されている。この方式のメール受信用サーバを「POP サーバ」または「POP3 サーバ」と呼ぶ。POP3 では、サーバに届いたすべてのメッセージを端末側にダウンロードする。一方、IMAP というプロトコルを用いると、すべてのメールをダウンロードすることなく、サーバ上のデータを参照する形で必要なメールだけを読むことができる。

SMTP　エスエムティーピー　★★★★★

インターネットの電子メールをサーバ間で転送するプロトコルの1つ。「Simple Mail Transfer Protocol」の略。利用者がメールをメールサーバへ送信するときやメールサーバ同士がメールを転送する際に用いる。SMTP に対応するメールサーバを「SMTP サーバ」と呼ぶ。一方、利用者がメールサーバからメールを受信する際のプロトコルには POP や IMAP がある。

●電子メールの送信と受信

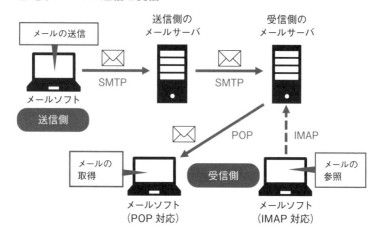

IMAP　アイマップ　★★★★

メールサーバに届いた電子メールを受信するプロトコルの1つ。「Internet Message Access Protocol」の略。バージョン4である「IMAP4」が多く利用されている。メールを読む際、端末側にすべてのメールをダウンロードする POP とは異なり、メールをサーバ上に置いたまま、必要なメールだけを参照して読めるのがメリット。サーバ上からメールが消えないので、パソコンとスマートフォンなど複数の端末から同じメールボックスを参照するといった使い方ができる。メールの既読管理もサーバ上で行われるので、パソコンで読んだメールは、スマホでも既読の状態になるなど、複数の端末で同期が取れる。検索などを、サーバ上で高速に処理できるのも利点。

Web　ウェブ　メール　★

専用の電子メールソフトウェアを使わずに、Web ブラウザを使って電子メールの送受信や閲覧が行えるサービス。多くのメールサービスが対応している仕組みだが、無料で使えるグーグルの「Gmail」やマイクロソフトの「Outlook.com」などが代表的。Web メールの多くは、電子メールソフトウェアを利用して通常のメールサービスのように使うこともできる。

4. ネットワークのセキュリティ

暗号　★

情報を第三者が解読できないように一定の規則で組み替えたもの。コンピュータやネットワークの分野では、ファイルの暗号化や通信の暗号化などがある。暗号化は、**鍵**と呼ばれるビット列（1、0 の数字で構成されたデータ）と、暗号化の対象となるデータを組み替える方式を定めたアルゴリズムを組み合わせて行う。鍵の長さ（ビット長）で暗号化の強度が変わる。暗号化するためのアルゴリズムにはさまざまな種類がある。暗号化したデータを元の状態に戻すことを**復号**と呼ぶ。

暗号文　★★

情報を一定の規則で組み合わせて暗号化したデータのこと。暗号化される前のデータを**平文**、暗号文を平文に戻すことを**復号**と呼ぶ。

平文（ひらぶん）　★★★★

情報を暗号化する前のデータのこと。情報を一定の規則で組み合わせて暗号化したデータのことを**暗号文**といい、暗号文を平文に戻すことを**復号**と呼ぶ。ネットワークで重要な情報をやり取りする際は、送信中の盗聴を防ぐために、平文を暗号化した上で送信し、受信側はそれを復号して平文に戻す。

復号　★★★★

暗号化されたデータ（暗号文）を元の状態（平文）に戻すこと。あるいは、デジタルデータとして符号化（エンコード）した音声や画像、動画のデータを元の状態に戻すこと。後者は「デコード」ともいわれる。

改ざん　★★

文書やデータなどの一部または全部を、別の内容に書き換えること。作成者や管理者に無断で変更したり、悪意をもって情報をねじ曲げたりするケースを指すことが多い。インターネット上では、悪意のある攻撃者が Web サーバに無断で侵入して Web ページの内容を改ざんするなどの事例があり、情報セキュリティを高めることが重要となっている。

鍵　★★★

コンピュータやネットワークの分野では、データの暗号化や復号のために必要な情報のことをいう。**公開鍵暗号化方式**で使う**公開鍵**と**秘密鍵**、**共通鍵暗号方式**で使う**共通鍵**などがある。

共通鍵暗号方式　★★★★

暗号化と復号に同じ鍵を使う暗号方式。データを送信する側と受信する側が同じ鍵を共有しておくことで、送信者側が暗号化した内容を、受信者側が復号できるようにする。このときに利用する共通の鍵を「共通鍵」と呼ぶ。この共通鍵を手に入れれば誰でも復号できてしまうので、共通鍵は安全な方法で共有し、第三者に知られないように秘密にしておかなければな

らない。そのことから「秘密鍵暗号方式」と呼ばれることもある。

公開鍵暗号方式　★★★★

データを暗号化する方式の 1 つ。データを受け取る側が**公開鍵**と**秘密鍵**というペアになった鍵を作り、公開鍵をデータの送信者に渡す。送信者は、受信者から渡された公開鍵を用いてデータを暗号化して送信。受信者は、それを自分が持つ秘密鍵で復号する。公開鍵で暗号化されたデータは、ペアになる秘密鍵でしか復号できないため、秘密鍵さえしっかりと管理していれば情報の機密性が守られる。一方、公開鍵は誰に渡しても良いため、複数の相手とやり取りする場合も管理が容易になる。公開鍵暗号方式は、そのデータが間違いなく本人が作成したもので、改ざんもされていないことを証明する**電子署名**にも利用される。

公開鍵　★★★

暗号技術の 1 つである**公開鍵暗号方式**で使う、データの送信者側が利用する鍵。公開鍵は必ず**秘密鍵**と対になる。

秘密鍵　★★★

暗号技術の 1 つである**公開鍵暗号方式**で使う、本人だけが持つ鍵。「シークレットキー」や「プライベートキー」とも呼ばれる。秘密鍵は必ず**公開鍵**と対になる。

シーザー暗号　★★

古典的な暗号方式の 1 つ。元のメッセージの各文字をアルファベット順に数文字ずらすことで暗号化する。例えば「3 文字後ろにずらす」

というルールで「Japan」を暗号化すると「Mdsdq」になる。復号するときは同じ文字数を戻せばよい。シーザー暗号では「ずらす文字数」が鍵になる。古代ローマ時代にも使われたとされ、その名称は将軍カエサルに由来する。「カエサル暗号」ともいう。

SSL/TLS エスエスエル/ティーエルエス　★★★

Web ブラウザと Web サーバの間でデータを暗号化し、安全にやり取りするためのプロトコルの総称。通信の暗号化と認証を実現する。SSL/TLS に対応した Web ページの URL は、先頭部分（スキーム）が「https」になる。SSL/TLS で通信中であることを鍵のマークで示す Web ブラウザが多い。SSL/TLS では、**公開鍵暗号方式**と**共通鍵暗号方式**の 2 つの暗号方式を使ってデータをやり取りする。Web サイトで個人情報を入力する場合、Web ページが SSL/TLS に対応していないと、情報が平文で送られ、盗聴される危険性がある。個人情報を入力するページでは、SSL/TLS に対応していることを確認したほうがよい。

SSL エスエスエル　★★

「Secure Sockets Layer」の略で、Web ブラウザと Web サーバの間で安全にデータをやり取りするためのプロトコルの 1 つ。通信の暗号化と認証を実現する。SSL 自体は、セキュリティ上の脆弱性（ぜいじゃくせい）が発見されたため、現在では後継規格の **TLS** が使われている。ただし、この TLS を従来通り SSL と呼んだり、「SSL/TLS」と併記したりすることも多い。

●共通鍵暗号方式

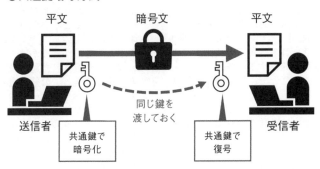

●公開鍵暗号方式

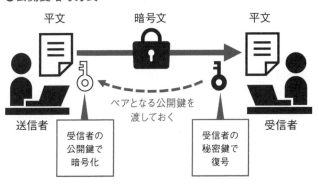

TLS ティーエルエス ★

「Transport Layer Security」の略で、Web ブラウザと Web サーバの間の通信を暗号化して安全にデータをやり取りするためのプロトコルの1つ。それまで利用されていた SSL に脆弱性が発見されたことから、その後継規格として策定された。SSL は現在使用されておらず、実際に使われているのは TLS だが、過去の経緯からSSL という呼び名が一般に浸透し

ている。そのため、現在でも「SSL」と呼んだり、「SSL/TLS」のように併記したりすることが多い。

電子認証 ★★

個人や法人などの組織が、**電子証明書**によってその実在性や正当性を電子的に証明する仕組みのこと。その電子証明書は、第三者機関である**認証局**（CA）が、個人や法人の信用情報をチェックしたうえで発行する。

電子証明書　★★

個人や組織の実在性や正当性などを保証するために発行される電子的な証明書。「デジタル証明書」とも呼ばれる。第三者機関などの**認証局**が発行する。この証明書を確認することで、その個人や組織が実在することや、正当な相手であることを知ることができる。電子証明書には偽造されたり、不正利用されたりしないような仕組みが必要になる。そのための技術として、暗号方式の１つである**公開鍵暗号方式**などが使われる。政府が発行する「マイナンバーカード」にも電子証明書が記録されている。

認証局　★

個人や法人の実在性や正当性を保証するための**電子証明書**を発行する機関。「電子認証局」「CA（Certification Authority）」と呼ぶこともある。

認証サーバ　★

ネットワークやシステムにアクセスしてきたユーザや機器が、許可を受けている正規のユーザや機器であることを認証するサーバ。ユーザ名（**ID**）やパスワードなどを一元管理し、アクセスしてきたユーザや機器が送信してくる情報と一致すればアクセスを許可する。

電子署名　★★

→デジタル署名

デジタル署名　★★★

データの信頼性、正当性を保証するための仕組み。「電子署名」ともいう。紙の文書が自筆の署名（サイン）によって本物だと証明されるように、データが本当に正しい相手から送られてきたか、途中で改ざんされていないかなどを確認するために用いる。デジタル署名が本人のものかどうかは、認証局によって発行された**電子証明書**により検証できる。**公開鍵暗号方式**を応用しており、データの送信者は、秘密鍵を使って暗号化したデジタル署名付きのデータを電子証明書と一緒に送信。受信者は、受け取った電子証明書に含まれる公開鍵を使ってデジタル署名を復号することで、正当なデータかどうかを確認できる。

要約文　★

文書などのデータを基にプログラムを用いて生成する、検証用のデータのこと。数十文字（数バイトから数十バイト）の文字の羅列であり、一般に「ハッシュ値」や「メッセージダイジェスト」と呼ばれる。同じデータからは常に同じ要約文が生成されるが、異なるデータから同じ要約文が生成されることはない。そのため、生成される要約文を比較することで、データが改ざんされているかどうかを検証できる。**デジタル署名**の仕組みにおいても利用されており、元データの要約文を送信者の秘密鍵で暗号化したものが、デジタル署名の実体である。これを受信者が復号するとともに、同じプログラムで生成した要約文と比較することで、元データと一致する（改ざんされていない）かどうかを検証する。

電子透かし　★★

音楽、画像、動画、文書などのデジタルコンテンツに、通常は知覚

されない状態で埋め込まれた情報のこと。「デジタルウオーターマーク」、あるいは単に「ウオーターマーク」ともいう。主に著作権の情報などを埋め込んでコンテンツを保護するために用いられる。特定の処理により情報を表示、確認できる。

パリティチェック　★★

データを伝送する際に、そのデータが正しく送られたかどうかをチェックする方法の1つ。データ内の0と1が入れ替わって元のデータと異なってしまうエラーを検出する。例えば、7ビットで表されるデータに別の1ビットを付加し、全体の「1」のビットの数が常に奇数（または偶数）個になるようにする。伝送した結果、奇数と偶数の関係が崩れていれば、エラーが発生したと判断する。このとき新たに加える1ビットを「パリティビット」と呼ぶ。

パリティビット　★★★

データが正しく送られたかどうかを検証する「パリティチェック」という手法において、データのエラー（誤り）を検出するために付加するデータのこと。具体的には、0または1のビットを付加することで、全体の「1」のビットの数が常に奇数（または偶数）個になるようにする。

誤り検出符号　★
　→パリティビット

チェックディジット　★

数字の並びに誤りがないかどうかを検出するために付加される検査用の数字のこと。一定の計算式によって対応する値を算出して付加する。数字列の元の部分とチェックディジットを対比することで、誤りを検出できるようにする。例えば、バーコードの数字にはチェックディジットが付加されており、スキャナで読み取った数字から計算した値とチェックディジットを比較することで、正しく読み取れたかどうかを確認する。

個人認証　★★

コンピュータやネットワーク上のシステムにアクセスする際に、利用者が誰であるかを確認し、認められた人だけが利用できるようにすること。個人に割り当てたユーザIDとパスワードを入力させて認証したり、顔認識や指紋認識などの機能を用いて認証したりすることが多い。認証手続きを2回に分ける「2段階認証」という方式もある。1段階目の認証が済んだ後、本人のスマートフォンに認証コードを送り、それを使って再び認証を行うケースが多い。IDやパスワードを知り得た第三者が1段階目の認証を突破しても、認証コードを受信するスマホが手元になければ認証を完了できないため、安全性が高まる。

アカウント　★

許可された人だけが利用できるシステムやサービスにおいて、それを利用するための権利や資格のこと。システムやサービスを利用するには、管理者によりアカウントを登録（作成）してもらう必要がある。アカウントを表す文字列をアカウント名といい、ユーザIDと

ほぼ同じ意味で用いられる。Web
上のサービスでは、電子メールア
ドレスをアカウント名として利用
する方式が多い。

アクセス権　★★

コンピュータやネットワーク上の
システム、あるいは個別のファイ
ルやフォルダなどにアクセスする
ための権限。システムの管理者が
ユーザごとに決定する。ファイル
へのアクセス権では、読み出し権
限、書き込み権限、実行権限の３
通りが設定される。情報の機密性
を高めたり、誤操作によるデータ
の消去や改ざんを防いだりする目
的で設定される。

アクセスログ　★

ほかの端末からの接続を許可して
いるネットワーク上のコンピュー
タやサーバが、いつどのような端
末がアクセスし、何を行ったかな
どを記録したもの。アクセスした
日時やアカウント、端末のIPア
ドレス、利用したファイルやサー
ビスなどを逐次記録している。ア
クセスログを確認することで、不
審な端末が不正にアクセスしてい
たことが分かったり、特定のファ
イルが流出した場合にそのファイ
ルを持ち出した人物を推測できた
りする。Webサーバの場合、ア
クセスログを基にWebページの
閲覧数や利用者数などを分析でき
るので、各ページの人気の有無を
調べるなどしてコンテンツの強化
に役立てられる。

ウイルス対策ソフトウェア　★★★

コンピュータが**コンピュータウイ
ルス**に感染しているかどうかを検
査し、感染したコンピュータや
ファイルからウイルスを除去する
機能を備えたソフトウェア。「ワ
クチンソフト」や「アンチウイル
スソフト」ともいう。多くの製品
が「ファイアウォール」の機能や
スパイウェアの検出機能、**スパム
メール**の対策機能なども搭載する
ことから、「セキュリティ対策ソフ
トウェア」とも呼ばれる。通常、
ウイルス対策ソフトウェアは常時
起動しており、プログラムを実行
するときや、インターネットなど
からファイルをダウンロードする
とき、電子メールを受信するとき
などのタイミングで、ウイルスを
チェックする。過去に発見された
ウイルスの情報をデータベース化
した「ウイルス定義ファイル」に
基づいて検査する仕組みが主に採
用されており、最新のウイルスに
対応するためには、最新のウイル
ス定義ファイルを入手して利用す
る必要がある。プログラムの振る
舞いを観察してウイルスかどうか
を判断する製品もある。

セキュリティホール　★★★

コンピュータのシステムやプログ
ラムに存在する、セキュリティ上
の弱点や欠陥のこと。悪意を持っ
たユーザによって、システムに不
具合を起こしたり、重要なデータ
の破壊や改ざん、盗聴、盗難がで
きてしまったりするようなものを
指す。主にソフトウェアのバグ（プ
ログラム上の欠陥）を指して使わ
れることが多い。ソフトウェア開
発者のミスが原因で生まれるほか、
開発者が想定していないソフト
ウェアの使い方をユーザがするこ
とで見つかることもある。

ファイアウォール　★★★★★

コンピュータやネットワークに対する、外部からの侵入を防ぐためのソフトウェア。もともとは「防火壁」の意味。例えば、企業内 LAN とインターネットの間に設置して、インターネットの側から企業内 LAN への不正な侵入を防ぐ役割を果たす。特定の IP アドレスを持つコンピュータからのアクセスや、特定のプロトコルを利用したアクセスだけを通し、それ以外のアクセスをブロックするなどの運用ができる。

セキュリティアップデート　★★

システムやソフトウェアに見つかったセキュリティ上の欠陥（セキュリティホール）を修正して安全性を高めるために、プログラムやデータを更新すること。

アップデート　★

内容を最新のものにすること。データを更新する作業のほか、ソフトウェアに見つかった不具合を修正したり機能を強化したりするためにプログラムを更新する作業などを指す場合が多い。

フィルタリング　★★

もともとは「ふるいにかける」という意味で、一定の条件に基づき情報を絞り込むことを意味する。インターネット分野では、主に暴力や性などに関する違法・有害な情報を遮断して、利用者が見られないようにする仕組みのこと。「フィルタリングサービス」として提供される。子供などの未成年者が有害な情報に接しないように制限をかけ、安心して使えるようにする

目的で導入される。

ブラックリスト方式　★★

有害な Web サイトへのアクセス制限（フィルタリング）や、迷惑メールの受信拒否を実現するための方式の1つ。アクセスを禁止したい Web サイトのドメイン名や、受信を拒否したい迷惑メールの差出人などを「ブラックリスト」としてデータベース化し、そこに含まれる Web サイトの閲覧や迷惑メールの受信を制限する。

ホワイトリスト方式　★★

フィルタリングサービスなどを用いて Web サイトの閲覧を制限する際に、利用して良い Web サイトを「ホワイトリスト」としてあらかじめ登録しておく方式。迷惑メール対策の機能においては、本来は迷惑メールではないものを誤って受信拒否することがないように、受信しても良いメールの差出人などをホワイトリストに登録する。

仮想プライベートネットワーク　★
→ VPN

VPN ブイピーエヌ　★★

「Virtual Private Network」の略で、「仮想プライベートネットワーク」とも呼ばれる。インターネットなどの公共のネットワーク上で、他者が入り込めない専用線のような環境を実現し、情報の盗聴や改ざんなどを防ぐ仕組みのこと。例えば、企業内のネットワークに個人宅からアクセスする際、その間に専用線を敷設すると大きなコストがかかる。一方、誰もが利用できるインターネットを介してアクセ

スすると、通信の途中でデータを
盗み見られたり改ざんされたりす
る恐れもある。そこでインター
ネットを利用しながらも、VPN
により通信内容を保護することで、
コストと安全性を両立させる。通
常は、認証システムや暗号化プロ
トコルを用いて通信を保護する。

5.　情報システムとサービス

情報システム　★★★★
コンピュータなどの情報機器や情
報通信ネットワークで構成された
システム。情報の記録、計算、処
理、伝達、共有、制御などの機能
を備え、それらを組み合わせて利
用するものが多い。

集中情報システム　★
「メインフレーム」などと呼ぶ大
型のコンピュータに処理を集中さ
せ、そこに接続する端末（**クライ
アント**）は入力や出力などの役割
しか担わないシステム。基本的に
は中心となるコンピュータだけを
管理すればよいので、運用がしや
すく、セキュリティも高めやすい。
一方で、そのコンピュータに障害
が発生すると、システムそのもの
が使えなくなる欠点がある。「集
中システム」「集中処理システム」
などともいう。

分散情報システム　★
ネットワークに接続された複数の
コンピュータで処理を分担するシ
ステム。複数のコンピュータが分
業することで、1台のコンピュー
タではできないような負荷の高い
処理を効率よく実現できるほか、
あるコンピュータに障害が起きた
とき他のコンピュータが取って代

われるなどの利点がある。「クラ
イアントサーバシステム」もその
一例。「分散システム」「分散処理
システム」などともいう。

クラウドサービス　★★
インターネット上にある大規模か
つ高性能なサーバ群が提供する各
種の機能を、個々のコンピュータ
からネットワーク経由で利用でき
るようにしたサービス。「クラウ
ド」の名称は、インターネットを
図示する際、雲（クラウド）のよ
うな形で描くことが多いことに由
来する。利用者が自分でサーバな
どの機器やシステムを用意する必
要がないため、導入が容易なのが
利点。多くのサービスは機密性、
完全性、可用性などの情報セキュ
リティを高めており、災害にも強
い。インターネット上で提供され
るデータの保管場所を「クラウド
ストレージ」と呼ぶが、これもク
ラウドサービスの一例。

フェイルセーフ　★
機器や装置に故障などのトラブル
が発生したとき、それによって生
じる被害を最小限にする仕組みの
こと。誤って倒したとき自動で火
が消える石油ストーブ、ロープが
切れた場合にかごを停止させるエ

レベータの非常止め装置、などの例がある。

フールプルーフ ★

利用者が誤った操作をしても問題が生じないように配慮すること。そもそも誤った操作をさせないような設計なども指す。フタを閉めないと回転しない脱水機、不適切なデータを入力するとエラーを表示して入力を受け付けない Web フォーム、などの例がある。

ATM エーティーエム ★★★

銀行口座からの現金の引き出し、預金、振り込み、通帳記入などを行える専用端末。「Automated Teller Machine」あるいは「Automatic Teller Machine」の略で、「現金自動預け払い機」ともいう。銀行やコンビニエンスストアなどに設置された情報システムの一例で、利用者は銀行の窓口に行かなくても現金の引き出しなどが可能になり、銀行側は窓口業務を効率化することに成功している。

IC アイシー ★

半導体の薄板の上にトランジスタ、ダイオード、抵抗などの素子を組み合わせた電子回路を作り込んだもの。集積回路ともいう。素子数がおおよそ 1000 から数万のものを「LSI」（大規模集積回路）ともいう。

IC アイシーカード ★★

薄型の IC を埋め込んだ名刺程度の大きさのプラスチックカード。磁気カードより記憶容量が大きく暗号化も可能なので、キャッシュカードやクレジットカードなどで採用される。カードを読み取り機

に接触させずにデータが読み取れる非接触型 IC カードも多い。

非接触型 IC アイシーカード ★

読み取り機と接触せずにデータをやり取りできる IC カード。読み取り機に抜き挿しする接触型の IC カードに比べて利用時の手間を軽減でき、摩耗による劣化も防げる。交通系 IC カードや電子マネー、入退室管理用のカードキーなどに使われている。

IC アイシータグ ★

個人情報や製品情報などを記録した IC チップを、無線で読み出せるようにした非接触型のタグ。「RFID」などとも呼ばれる。例えば、商品の出荷時に IC タグを貼り付けておくと、運搬の過程でどの拠点にあるのかを追跡しやすくなるほか、箱を開けることなくどの商品が何個入っているのかを確認できるようになる。また店頭での在庫管理やレジ打ちも、IC タグのデータを読み取ることで効率的に行えるようになる。

POS ポスシステム ★★★★★

販売店などが、商品ごとの販売情報を管理するためのシステム。会計の際にレジで読み取ったバーコード情報などを利用して、商品ごとの販売数や売上金額などを集計・分析できる。顧客の性別や年齢層などを入力して、商品の購買層を分析・管理することも可能。各店舗での販売情報をネットワークを介して集約することで、効率的な在庫管理や販売促進に役立てることができる。POS は「Point Of Sale」の略。

QR キューアールコード　★★

縦方向と横方向に情報を持たせた図形を利用する 2 次元コードの一種。1 次元コードのバーコードに比べて、扱える情報量が格段に大きい。スマートフォンのカメラで読み取ることを想定したものが多く、Web ページの URL やメールアドレスなどの情報を記録する用途のほか、「QR コード決済」などと呼ばれる、スマートフォンを用いた電子決済の一手法としても利用されている。

バーコード　★★

線の太さと間隔を変えながら縦じま模様に並べてデータを表す符号。国名、業種、商品名、価格など、主として流通や商品管理で必要な管理情報、POS 用のコードを表すのに使われる。日本の国コードが入った代表的なバーコードには JAN（Japanese Article Number）コードがある。バーコードは、バーコードリーダーと呼ばれる専用の光学式装置を使って情報を読み取るのが一般的。スマートフォンのカメラを使ってバーコードを読み取れるアプリもある。

GPS ジーピーエス　★★★

「Global Positioning System」の略で、「全地球測位システム」とも呼ばれる。複数の測位用人工衛星から発信される電波を受信して、現在地の経緯度や高度を測定するシステムのこと。もともとは米国が軍事目的で運用していたが、民間にも開放された。米国以外による測位システムもある。GPS 利用の代表例は、自動車用ナビゲーションシステム（カーナビ）。地図情報と GPS による現在地情報に基づいて経路を案内する。携帯電話／スマートフォンでは、2007 年 4 月から GPS 機能の内蔵が義務化されたことで、GPS を利用したサービスが急増した。スマートフォンや一部のデジタルカメラは、写真の撮影時に、GPS を利用した位置情報を付加できる。

ナビゲーションシステム　★

GPS（全地球測位システム）などで測定した現在置情報を地図上に表示すると同時に、目的地までの経路を自動で案内するシステム。「電子航法システム」とも呼ばれ、カーナビ（自動車用ナビゲーションシステム）がその代表例。

高度道路交通システム　★★

各種の情報通信技術を利用して、道路交通の安全性、輸送効率の向上、快適化、渋滞の軽減などを実現するシステム。「ITS（Intelligent Transport Systems）」とも呼ばれる。例えば「道路交通情報通信システム（VICS）」による渋滞や交通規制の情報を受信しながら最適な経路を提示するカーナビゲーションシステム、高速道路などの料金所で停止することなく無線で支払いができる「自動料金収受システム（ETC）」などはその一例。今後は自動運転システムなどの実用化が期待される。

マイナンバー　★

社会保障や税務などの行政事務を効率化するために、国民 1 人ひとりに割り振られた番号。「行政手続における特定の個人を識別するための番号の利用等に関する法律」

（通称、マイナンバー法）に基づき運用され、「個人番号」「共通番号」などとも呼ばれる。マイナンバー制度では、市区町村役場、税務署、社会保険事務所など複数の機関が管理していた情報を連携させることで、例えば社会保障や税務関係の申請時に証明書の添付が不要になるなど、手続きが簡略化される。また、個人番号の証明や本人確認に使えるICカード「マイナンバーカード」を利用することで、住民票の写しなどをコンビニエンスストアで取得できるようになる。**住民基本台帳ネットワーク**のシステムが全国の自治体で住民基本台帳の情報を連携させるものであるのに対し、マイナンバーはより幅広い行政機関や民間での利用が想定されている。

住民基本台帳ネットワーク　★

住民基本台帳をデジタル化し、ネットワーク経由で共有するための地方公共団体共同のシステム。略して「住基ネット」ともいう。住民基本台帳は、各市区町村で住民票を世帯ごとに編成したもの。住民の居住関係の公証、選挙人名簿の登録、その他の住民に関する事務処理の基礎となる。住基ネットでは、全国民の住民票に11桁の番号（住民票コード）を付けて一元管理する。氏名、生年月日、性別、住所のいわゆる「基本四情報」も住基ネットに保存されており、住民票コードと合わせて、全国共通の本人確認が可能になっている。後から導入された**マイナンバー**制度の個人番号は、住基ネットの住民票コードを基に新たに生成されている。

電子商取引　★★★

インターネットや専用回線を経由して行われる商取引のこと。「eコマース」とも呼ぶ。商品の受発注などの商取引だけを行ったり、代金の決済まで行ったりする。企業間での取引をB to B（Business to Business）、企業と消費者間の取引をB to C（Business to Consumer）と呼ぶ。企業では1980年代後半ごろから、取引先を限定した電子商取引が行われた。インターネットの普及により個人にも広がり、相手を特定しないオープンな取引も行われるようになった。通信途中でのデータ漏洩（ろうえい）などを防ぐため、暗号技術などを用いる。

電子マネー　★★★★★

電子化したお金（マネー）の意味で、一般に非接触型ICカードやスマートフォンを利用した電子的な決済手段を指す。あらかじめ補充（チャージ）された金額を、データのやり取りを通じて支払いに利用できる。ICカードの場合、カードに埋め込まれたICチップ上に利用可能な金額がデータで記録されており、カードをカードリーダーにかざすだけで支払いが完了する。金額の補充は対応する端末で行えるほか、ネットワーク経由で行えるものもある。

電子決済　★

現金を用いずに、電子的な決済手段を利用してサービスや物品の代金を支払うこと。店頭では、クレジットカードや電子マネーを利用した決済、スマートフォンのQRコード決済などを指す場合が多い。インターネット上でのオンライン

ショッピングでは、インターネットバンキングによる振り込みや、クレジットカードによるオンライン決済などを指す。

インターネットバンキング　★

コンピュータやスマートフォンなどの端末を使い、インターネットを経由して銀行口座の残高照会や振り込みなどの銀行サービスを利用すること。振り込みや引き落とし、残高照会など実際の店舗で利用できるサービスはほとんど利用できる。多くの銀行では、24 時間取引が可能であるほか、手数料を店舗利用より安く設定するところも多い。大手の銀行が提供するほか、実際の店舗を持たないインターネット専業の銀行もある。

ネットショッピング　★★

インターネット上の Web サイトで買い物をすること。「インターネットショッピング」や「オンラインショッピング」ともいう。Web サイト上に陳列された商品情報を基に注文をし、電子的な決済手段を用いて支払いをする場合が多い。商品は後日、宅配便などで送られる。店舗側にとっては、所在地に縛られず全国の消費者を相手に販売が可能になるのがメリット。

ブロックチェーン　★★

ネットワーク上にあるコンピュータ同士が直接通信して、強固な暗号技術を用いつつ、取引情報などのデータを分散して処理、記録する仕組みのこと。情報のブロックを鎖のようにつなぐイメージから、ブロックチェーンと呼ばれる。中央のコンピュータでデータを集中管理するのではなく、**ピアツーピアシステム**でつながれた多数のコンピュータに分散して管理するため、不正な改ざんが事実上不可能であり、システム全体の信頼性が高い、低コストで運用できるなどの利点がある。「ビットコイン」などの**仮想通貨**を支える技術として注目を集め、その他の商取引や証明、契約などの分野でも利用されている。デジタルデータの真正性を証明する「NFT（Non-Fungible Token）」の技術もブロックチェーンをベースにしている。

仮想通貨　★★

政府や中央銀行が発行する法定通貨ではないが、ネットワーク上で通貨代わりにやり取りされる財産的な価値。特に**ブロックチェーン**という暗号および分散処理技術で管理されているものを指す。「ビットコイン」などが代表例。法廷通貨と同等の価値が約束されている**電子マネー**などと異なり、市況の影響で財産価値が大きく変動する場合がある点には注意が必要。金融庁などは、法廷通貨と明確に区別するために「暗号資産」と呼んでいる。

グループウェア　★

職場における部署やチームなどのグループでの作業を効率化することを目的としたソフトウェア。電子メールなどのコミュニケーション機能のほか、文書の共有、スケジュール管理、ワークフロー管理などの機能を提供する。Web ブラウザで利用できるのが一般的。LAN 環境に専用のサーバを設置して運用するケースや、インター

ネット上のサーバ（クラウドサービス）を利用するケースがある。

テレワーク　★
情報機器や通信サービスを利用して、本来の職場以外の場所で働く業務形態を指す。本拠地と離れた場所にあるオフィスや自宅などで勤務する形態や、携帯情報機器を活用して外出先で働くモバイルワークなどの形態がある。

ファクトリーオートメーション　★
工場などで生産工程を自動化するシステムのこと。「FA」と略される。コンピュータ技術により受注、生産、検査、出荷などの一連の工程をすべて自動化することで、生産性や品質の向上、効率化や人件費、ミスの削減を図る。

緊急地震速報　★
地震の発生時、震源近くで検知した初期微動を基にその位置や規模、予想到着時間などを自動で計算し、揺れが始まる前に通知するシステム。安全な場所へ退避したり、動作中の機械を止めたりといった対応に役立てられる。気象庁が発表する速報を基に、周辺地域で利用されている携帯電話に通知するサービスなどがある。

6.　データベース

構造化データ　★★
あらかじめ決められた枠組みの中で、一定の構造を持つように蓄積されたデータのこと。行と列から成り、1行に1件ずつ蓄積される表（テーブル）形式のデータはその代表例。データの検索や集計、分析が容易なのが特徴。

非構造化データ　★
決まった構造を持たない形式で蓄積されたデータのこと。文章や音声、画像や映像などがこれに相当し、そのままでは集計や解析が難しい。そのため、内容を表すラベルのような「メタデータ」を付加することで、検索などを容易にする手法がとられることが多い。企業などが保管している書類や文書、電子メールなどをはじめ、インターネット経由で収集されるビッグデータなど、非構造化データは多岐にわたり、それらをいかに活用するかが情報社会において重要になっている。

データベース　★★★★★
データを一定の枠組みで蓄積し、検索できるようにしたもの。通常は、データの蓄積や検索の仕組みを提供するデーターベース管理システムを利用して管理する。表（テーブル）形式のデータを、複数関連付けて操作するリレーショナルデータベースが代表例。

データベース管理システム　★★★★
データベースとして蓄えた情報を管理するためのソフトウェア。「DBMS」（DataBase Management

System）とも呼ばれる。データを一定の枠組みで蓄積し、検索、抽出、集計などの機能を提供する。クライアントサーバ型のデータベース管理システムでは、データベースサーバをネットワーク上に置き、クライアントコンピュータからアクセスして利用する。

DBMS ディービーエムエス　★★★
→データベース管理システム

表　★
行と列から成る格子状のマス目に内容を分けて整理する表現方法。表の左端に並べる各行の項目名を「行見出し」、表の上端に並べる各列の項目名を「列見出し」と呼ぶことが多い。データベースにおける表はテーブルと呼ばれ、1行に1件ずつのルールでデータを蓄積する。

テーブル　★★
行と列から成る表のような形式でデータを構造化し蓄積したもの。各列には同じ種類のデータが並ぶようにして、1行に1件ずつデータを蓄積する。例えば住所録なら、各列に「名前」「住所」「電話番号」などの項目を割り当て、各行に1人ずつのデータを入れていく。このとき各列の項目をフィールド、各行にある1件1件のデータをレコードという。

フィールド　★★
データベースにおける表（テーブル）で、列として並ぶそれぞれの項目のこと。住所録なら、「名前」「住所」「電話番号」などの各項目をそれぞれフィールドと呼ぶ。1件のデータは複数のフィールドで構成される。データベースを構築する場合、最初にフィールドを定義する必要があり、各フィールドの名前やデータの種類などを指定する。「カラム」や「属性」と呼ぶこともある。

列　★★
表計算ソフトウェアのワークシートにおける、セルの縦方向の並び。データベースにおける表（テーブル）ではフィールドを指す。「カラム」とも呼ぶ。

●データベースの基本形

ID	名前	住所	電話番号
1001	鈴木太郎	中央区仲町 X-X-X	03-1234-XXXX
1002	田中麻里	南区門前町 X-X-X	03-1234-XXXX
1003	伊藤良子	港北市神谷町 X-X-X	070-3456-XXXX
1004	佐藤紀夫	南西市中央 X-X-X	090-5678-XXXX

表（テーブル）　　　列（フィールド）　　　行（レコード）

レコード　★★

データベースにおける表（テーブル）で、行として並ぶ1件1件のデータのこと。住所録なら、Aさんのデータ、Bさんのデータ、Cさんのデータ…のように区切られた1人ひとりのデータを指す。1件のレコードは複数のフィールド（列）で構成される。データベースを構築する場合、最初にフィールドを定義する必要があり、あらかじめ用意されたフィールドに従って、1件1件のレコードを蓄積していく。

行　★★

表計算ソフトウェアのワークシートにおける、セルの横方向の並び。データベースにおける表（テーブル）では、1件1件の「レコード」を指す。

検索　★★

データの集まりの中から、目当てのデータを探し出すこと。**データベース管理システム**には、データベースの中から特定のデータを検索するためのさまざまな機能があり、「～から始まる」「～で終わる」「～を含む」といった「部分一致検索」、完全に同一の文字列だけを探す「完全一致検索」などを使い分けることが可能。「任意の1文字」などを記号で表す「ワイルドカード」を使用できる場合もある。文書ファイルの中身をすべて対象にする検索は「全文検索」と呼ばれる。インターネット上の**検索エンジン**では、特定の語句を含むWebページを探せる。AI（人工知能）による画像認識技術を応用し、特定の画像に類似した画像を

検索できるソフトウェアやサービスも増えている。

関係データベース　★
→リレーショナルデータベース

リレーショナルデータベース　★★★

行（レコード）と列（フィールド）から成る表（テーブル）形式のデータを複数関連付けて処理するデータベース。リレーショナルとは「関連付け」の意味。例えば、商品一覧表と注文表という2つのテーブルがあるとき、両方のテーブルに含まれる商品番号などのフィールドを軸にしてテーブル同士を関連付ければ、商品情報と注文情報をまとめた受注管理表を作ることができる。リレーショナルデータベースの特徴的な操作として、**選択**、**射影**、**結合**などがある。

リレーションシップ　★

リレーショナル（関係）データベースにおいて、複数のテーブルにある共通のフィールドを関連付けること。同じフィールドを軸にして複数のテーブルを連携させることで、各テーブルに役割分担をさせながら、統合的にデータを管理できるようになる。

主キー　★

データベースで特定のレコードを選択する際に、対象のレコードが一意に定まるフィールドのこと。例えば商品データベースであれば、通常は商品番号が主キーになる。データベースを設計する際には、重複した値を持つことのないフィールドを用意して主キーにする場合が多い。

●リレーショナル(関係)データベース

注文ID	商品番号	数量
3001	E002	3
3002	E004	2
3003	E003	1
3004	E004	4

商品番号	商品名	価格
E001	グアテマラ	2000
E002	モカ	3000
E003	ブラジル	2800
E004	コロンビア	2700

リレーションシップ

注文ID	商品番号	商品名	価格	数量
3001	E002	モカ	3000	3
3002	E004	コロンビア	2700	2
3003	E003	ブラジル	2800	1
3004	E004	コロンビア	2700	4

共通する「商品番号」列を関連付けることで、2つの表を「結合」できる

射影 ★★

リレーショナルデータベースで、テーブルの中から特定のフィールドを取り出し、別のテーブルを作成する操作のこと。例えば、商品番号、商品名、メーカー、サイズ、価格など多数のフィールドを持つデータベースから商品名と価格のフィールドだけを取り出して、商品価格表を作る操作などが挙げられる。

選択 ★★

リレーショナルデータベースで、テーブルの中から特定の条件に合致するレコードを引き出し、別のテーブルを作成する機能。例えば、商品データベースから価格が1000円以上の商品の一覧表を作成する、

といった場合などに利用する。

結合 ★★

リレーショナルデータベースで、2つのテーブルに含まれる共通のフィールドを関連付けることで新しいテーブルを作る操作のこと。例えば、「商品番号」「商品名」「価格」というフィールドを持つ商品テーブルと、「注文ID」「商品番号」「数量」というフィールドを持つ注文テーブルを「商品番号」を軸に結合すれば、注文テーブルに商品名と価格を追加表示したテーブルを作ることができる。

正規化 ★★

リレーショナルデータベースの設計時に、フィールド同士の関係が

最も簡潔にまとまるようにテーブルを分解し、無駄な重複や余計な部分を排除すること。正規化されていないデータベースは、データ量が増えたり不整合が起きたりと管理が煩雑になる恐れがある。

SQL エスキューエル　★★

リレーショナルデータベースを操作して、データの追加、変更、削除、検索などの処理を行うための言語。英語に近い構文形式で条件を指定し、データベースを操作する。SQL は通常、クライアントサーバシステムの構成で利用する。クライアントは、SQL を使ってデータベースサーバに処理内容を伝え、サーバが処理した結果を受け取る。「Structured Query Language」の略ともいわれるが、ISO（国際標準化機構）では「SQL」が正式名称として標準化されている。日本では「エスキューエル」と読むのが一般的だが、英語では「シークェル」と読む人が多い。

データモデル　★★

データベースをどのような形式で整理して蓄積するのか、その仕組みを抽象化して表現したもの。データの関係性や構造を図式化して表すことが多い。代表的なデータモデルとして「リレーショナル型」があり、**リレーショナルデータベース**の基になっている。そのほか、「階層型」「ネットワーク型」などのデータモデルがある。

キー・バリュー型　★

キー（項目）とバリュー（値）の組み合わせとしてデータを蓄積するデータベースのデータモデル。NoSQL の代表的なデータモデルであり、クラウド上の大規模データベースなどに使われている。リレーショナル型のデータベースは厳格なデータ管理や集計などの複雑な処理に向くが、データの一貫性などを重視するために分散処理がしにくく、コンピュータの処理能力を多く消費する。一方、キー・バリュー型は構造が単純であり、分散処理や大量のデータ処理に向く。

NoSQL ノーエスキューエル　★★

「リレーショナル型」でないデータベースの総称。データベースを操作する言語として「SQL」を使わないという意味であり、クラウドコンピューティングの基盤として使われる**キー・バリュー型**のデータモデルが主に用いられる。

テキスト形式　★★

文字列（テキスト）のみから成るデータの形式。文字コードで表現された文字や記号のほか、改行などの基本的な制御コードだけで記録したデータであり、「テキストデータ」ともいう。ファイル形式としては、拡張子に「.txt」と付くものが代表的。表計算ソフトウェアやデータベースで用いられる **CSV** 形式のファイルや、Web ページで使われる **HTML** 形式のファイルなどもテキスト形式に含まれる。

CSV シーエスブイ　★★

データベースや表計算ソフトウェアなどで利用する表（テーブル）形式のデータを、テキスト形式で保存するファイル形式の1つ。各レコードのフィールドをカンマ（,）で区切って並べ、レコードご

とに改行したデータになる。CSVは「Comma Separated Value」の略で、ファイルの拡張子は「.csv」とすることが多い。カンマではなく、タブでフィールドを区切る場合もある。

●CSV形式のテキストファイルの例

```
商品番号, 商品名, 価格
E001, グアテマラ, 2000
E002, モカ, 3000
E003, ブラジル, 2800
E004, コロンビア, 2700
```

7. データの分析・活用

オープンデータ ★★★★
　著作権や特許などによる制約を受けずにデータを利用したり再配布したりできるという考え方。官公庁や公共機関などが保有するデータを、無償または有償で一般公開することを指す場合が多い。

クローズドデータ ★
　一般には公開せずに、一部の組織内で利用されている非公開のデータのこと。これに対し、官公庁や公共機関などが自由に利用、再配布できる形で公開するデータを**オープンデータ**と呼ぶ。

質的データ ★★★★
　数量に意味があるわけではなく、分類に意味があるデータ。**名義尺度**または**順序尺度**によって分けられたデータがこれに相当する。

量的データ ★★★★★
　身長、体重、温度、人数、金額など、数量の大小に意味があり計算もできるデータのこと。長さや時間のように途切れることのない「連続データ」と、個数、回数のように整数で区切られた「離散データ」があり、**間隔尺度**または**比例尺度**によって分けられる。

尺度 ★★
　データを測ったり評価したりする際の基準となるもの。統計分野では、データの意味や性質に応じて**名義尺度・順序尺度・間隔尺度・比例尺度**の4つがある。

尺度水準 ★★
　データの意味や性質に応じて、データの種類を区別した統計学上の分類。**名義尺度・順序尺度・間隔尺度・比例尺度（比率尺度）**の4つに分けられる。尺度水準を考慮してデータの種類を把握することで、より適切な統計分析ができるようになる。

名義尺度　★★★★
　質的データを分ける尺度水準の1つ。性別や血液型、自動車のナンバー、職業、名前など、分類そのものに意味があり、数量の大小や順序に意味がない尺度をいう。順序尺度と同じくカテゴリを表すが、順序は意味をなさない。

順序尺度　★★★★
　質的データを分ける尺度水準の1つ。成績の5段階評価、順位、服のサイズ（S・M・L）、震度など、データの差や間隔に意味はないが、その順序に意味がある尺度をいう。例えば震度は人間の感覚や周囲の状況に基づいて分類されており、「震度2よりも震度3のほうが揺れが強い」とはいえるが、「震度2の揺れを2倍すると震度4になる」とはいえない。

間隔尺度　★★★★
　量的データを分ける尺度水準の1つ。西暦、温度、偏差値など、数値の間隔や差に意味はあるが、その比率は意味を成さない尺度をいう。例えば「西暦2000年の100年後は2100年である」という計算はできるが、「西暦1000年の2倍が西暦2000年である」という計算は意味を持たない。

比例尺度　★★★★
　量的データを分ける尺度水準の1つ。例えば個数、長さ、金額などのように、数値の大小や比率がそのまま意味を持つ尺度。「比率尺度」ともいう。

比率尺度　★
　→比例尺度

代表値　★★
　データの特徴や傾向を表す値。統計分析によく用いられる代表値として、**平均値**、**中央値**、**最頻値**などがある。

平均値　★★
　データ全体の特徴や傾向を表す代表値の1つ。値をすべて合計した結果をデータの個数で割って求める。表計算ソフトウェアの「Excel」では「AVERAGE」という関数で求められる。

中央値　★★★
　データを昇順（小さい順）に並べ替えたときに、それらの中央にくる値。「メジアン」ともいう。データの個数が偶数の場合は、中央にある2つの値の平均値を中央値とする。表計算ソフトウェアの「Excel」では「MEDIAN」という関数で求められる。

最頻値　★★
　データの中で、最も多く出現する値。「モード」ともいう。度数分布表やヒストグラムでは、最も度数の高い階級の階級値が最頻値となる。表計算ソフトウェアの「Excel」では「MODE」という関数で求められる。

欠損値　★★★★
　データの中で、欠けている部分。例えば測定器の故障により取得できなかった値や、アンケートの回答者が回答を拒否した項目、記入漏れの値など。外れ値や異常値を取り除いた場合も欠損値となる。適切に処理しないと、データ分析に悪影響を及ぼす恐れがある。

外れ値　★★★★

データの中で、ほかの値に比べて極端に大きかったり小さかったりと、大きく外れた値のこと。必要に応じて除外しないと、データの傾向や特徴をつかむ際に悪影響を及ぼす場合がある。

異常値　★★

データの中で、ほかの値に比べて極端に大きかったり小さかったりする**外れ値**のうち、その原因が分かっているもの。例えば入力ミスや測定ミスなどがある。

クロス集計　★★★

データを集計する際に、2つ以上の項目を掛け合わせて集計する手法のこと。例えば、イベント参加者の属性を分析する際に、性別と年代という2つの項目を掛け合わせて集計することで、年代別の参加人数を男女別に集計することができる。これを表にするときは、行見出しに年代、列見出しに性別を並べて、その行と列が重なる場所に集計した人数を入れるといった形にする。こうした表を「クロス集計表」といい、表計算ソフトウェアの「Excel」では「ピボットテーブル」という機能で自動計算できる。

並べ替え　★

データを整理したり比較したりしやすくするための手法の1つ。表計算ソフトウェアやデータベース管理システムはこの機能を備え、データを数値の大小順やアルファベット順、五十音順などに並べ替えることができる。「ソート」ともいい、並べ替えの基準となる項目（フィールド）を「ソートキー」などと呼ぶ。

昇順　★★

データを並べ替えるとき、値の小さいデータから順番に並べていくこと。日時データなら古い日時が、文字列なら文字コードの値が小さいものが前に来る。英字ならアルファベット順、ひらがなやカタカナは五十音順になる。逆の並べ方が**降順**。

降順　★★

データを並べ替えるとき、値の大きいデータから順番に並べていくこと。日時データなら新しい日時が、文字列なら文字コードの値が大きいものが前に来る。逆の並べ方が**昇順**。

円グラフ　★

数量の比率、割合を表すのに適したグラフ。円の1周分（360度）を100%として、比率に応じた角度の扇形を描く。扇形の大きさで、各項目が占める割合が分かる。

折れ線グラフ　★

時系列による数量の変化、推移を表すのに適したグラフ。横軸に時系列、縦軸に数量を置き、各時点での値を直線で結ぶ。直線の傾き具合で、数量が増えているのか減っているのかを読み取りやすい。

棒グラフ　★

数量の差を比較するのに適したグラフ。縦棒グラフの場合は、横軸に項目名、縦軸に各項目の数量を置く。棒の高さでその大小が一目瞭然になる。項目ごとに複数の要

素を積み上げて示す「積み上げ棒グラフ」などもある。

ヒストグラム　★★★
度数分布表の内容を縦棒グラフにしたもの。横軸にデータの区間（階級）を並べて、縦軸で各区間のデータの個数（度数）を表す。年代別の人口の分布を示す人口ピラミッドのグラフは、ヒストグラムを応用したもの。

度数分布表　★★
データをある区間ごとに分けて、各区間に属するデータの個数を記入した表のこと。それぞれの区間を**階級**といい、そこに属するデータの個数を**度数**という。

階級　★
度数分布表において、データを振り分けるそれぞれの区間のこと。

散布図　★★★★
2種類のデータの関係性を見るのに適したグラフ。2つの変数（変量）を縦軸と横軸にとり、個々のデータを点として描く。点の散らばり具合を基に、2つの変数の関係や傾向を見ることができる。点が直線的に並ぶようなら、関係性が強い（相関がある）と考えられる。

相関　★★
2つの変数（変量）があるとき、両者に関係性があることを「相関がある」という。一方の値が増えるに従ってもう一方の値も増えることを**正の相関**、一方の値が増えるに従ってもう一方の値が減ることを**負の相関**という。

相関関係　★★
→相関

正の相関　★★
2つの変数（変量）があるとき、一方の値が増えるに従ってもう一方の値も増える傾向にあること。この2つの変数の**相関係数**を求めると、相関係数は正の値になる。

負の相関　★★
2つの変数（変量）があるとき、一方の値が増えるに従ってもう一方の値は減る傾向にあること。この2つの変数の**相関係数**を求めると、相関係数は負の値になる。

相関係数　★★★
2つの変数（変量）に関係性があるかどうかを示す指標。相関係数は-1から1の間の値を取り、-1に近いほど**負の相関**が強く、1に近いほど**正の相関**が強いといえる。相関係数が0に近いほど、2つの変数の関係性は弱いといえる。

偏差　★
データのそれぞれの値から平均値を引いた値（差）。平均値からどのくらい離れているかを表す。

分散　★★★
データの散らばり具合を表す値の1つで、それぞれの数値と平均値の差（**偏差**）を求めて2乗し、それらの平均を求めたもの。分散の値が小さいほど平均値に近いデータが多いと考えられるので、データの散らばりが小さいといえる。反対に、分散の値が大きいほど平均値から遠いデータが多いと考えられるので、データの散らばりが

大きいといえる。

標準偏差　★★★

データの散らばり具合を表す値の1つで、**分散**の正の平方根を求めたもの。分散は、計算の過程で**偏差**を2乗しているため、元のデータと値の単位が異なってしまう。そこで、分散の平方根を求めて、値の大きさを元のデータと同じ単位に戻し、データの散らばり具合を直感的に把握しやすくする。分散と同様、標準偏差の値が小さいほどデータの散らばりが小さく、

標準偏差の値が大きいほどデータの散らばりが大きいといえる。

正規分布　★

人の身長の分布や試験の点数の分布など、十分な数のデータを集めると、左右対称の「つりがね」のような形になることが知られている。これを「正規分布」という。正規分布のグラフは、平均に近いところが最も高く、平均から離れるほど低くなる。正規分布は自然界や社会におけるさまざまな事象で見られる。

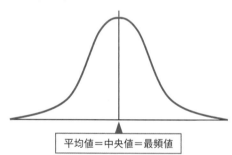

●正規分布のグラフ

平均値＝中央値＝最頻値

箱ひげ図　★★

データの散らばり具合を示すのに適したグラフの種類。箱の上下にひげを生やしたような図を描くことから、箱ひげ図と呼ばれる。四分位数を視覚的に表現するグラフで、最小値、第1四分位数、第2四分位数（中央値）、第3四分位数、最大値という5つの値の位置を表す。

四分位数　★★

データを昇順（小さい順）に並べてその個数を4等分したときに、

先頭から25％の区切りに位置する値を「第1四分位数」、50％の区切りに位置する値を「第2四分位数」、75％の区切りに位置する値を「第3四分位数」と呼び、これらをまとめて「四分位数」という。第2四分位数は**中央値**と同じ。これらを視覚的に表現する際は**箱ひげ図**を用いる。

回帰分析　★★

データ同士の相関を曲線や直線で表し、そこから関数式を得る統計的手法。例えば、降雨量と選挙の

投票率の相関を、過去の実績データに基づいて数式化する。この例では、降雨量を「説明変数」、投票率を「目的変数」と呼ぶ。「最小二乗法」などの推計方法がある。

回帰直線　★★
散布図に描かれた各点との距離が最も短くなるように引いた直線のこと。縦軸のデータと横軸のデータの関係を表す直線と見なして、データの予測などに用いられる。「最小二乗法」を用いて一次関数として数式化する。「$y = ax + b$」という式で表すことができ、これを回帰式という。

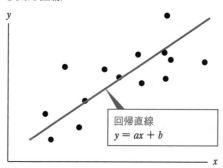

●回帰直線

回帰直線
$y = ax + b$

標本調査　★★★
統計調査の手法の１つ。対象すべてを調査するのではなく、その中から一部だけを抽出して調査する。対象全体を**母集団**、抽出した一部を「標本」または「サンプル」と呼ぶ。本来は母集団となるすべての対象を調査するのが望ましいが、手間やコストの関係でそれが難しい場合、一部の標本を調査した結果から母集団を推定する手法がとられる。

母集団　★
すべての対象の中から一部だけを抽出して調査する**標本調査**において、元の対象全体のこと。そこから抽出した一部のデータを「標本」または「サンプル」と呼ぶ。

全数調査　★★
統計調査の手法の１つ。すべての対象を漏らさず調査する。対象とする集団が小規模であれば実施可能だが、日本全国を対象にするような大規模調査では、現実的に難しいケースもある。その場合は、一部の対象を抽出して実施する**標本調査**が用いられる。

検定　★★
母集団に関して立てた仮説が正しいかどうかを標本（サンプル）に基づいて判断する手法の１つ。「統計的仮説検定」ともいう。具体的には、まず主張したい仮説とは反対の仮説を立てる。これを「帰無仮説」という。次に、この帰無仮説が「滅多に起こらない」ことか

どうかを検証する。すなわち、帰無仮説に基づいて計算した確率が「有意水準」よりも低ければ帰無仮説が正しくないと判断する。正しくないと判断することを「棄却」といい、帰無仮説を棄却した場合はもともと主張したかった仮説（「対立仮説」と呼ぶ）が正しいと判断する。帰無仮説が棄却されないときは、帰無仮説と対立仮説の両方が肯定も否定もされない点に注意。そのため、主張したい仮説とは反対の仮説を帰無仮説にして検証する。帰無仮説は、棄却されることで対立仮説を証明する。

有意水準　★★

検定（統計的仮説検定）において、立てた帰無仮説が正しくないと判断（棄却）する基準のこと。「滅多に起こらない」と判断する確率を設定する。一般に 5% や 1% とすることが多い。この有意水準以下となった場合に、帰無仮説を棄却する。

データマイニング　★★

蓄積された膨大な量のデータを分析し、その傾向や相関関係、パターンなどを導き出すことで、経営や販売促進、マーケティングなどに役立たせる技術や手法を指す。POS システムのデータ、ネットショッピングの購買履歴、顧客の属性情報、気象データなどを対象にすることが多い。例えば「紙おむつとビールは一緒に購入されることが多い」といった分析結果から、「この 2 つを並べて陳列するほうがよい」という販売施策を考案することができる。「マイニング」は「採掘」の意味。

テキストマイニング　★★★★★

大量の文字列（テキスト）データを対象にした**データマイニング**のこと。アンケートの自由記述のような自然な文章を自動的に解析し、特定の語句が出てくる頻度や関連する語句などを抽出。その重要度や語句同士の結び付きなどを視覚的に表現するものが多い。インターネットや SNS で発信されている大量のテキスト情報の中から、ある商品に関する口コミ評価を分析する際などにも活用される。

SUM _{サム}関数　★★

Excel で、合計値を求めるための関数。「SUM（数値 1，[数値 2]，…）」という書式をとり、指定した数値群の合計値を返す。数値はセル範囲でも指定できる。

AVERAGE _{アベレージ}関数　★★

Excel で、**平均値**を求めるための関数。「AVERAGE（数値 1，[数値 2]，…）」という書式をとり、指定した数値群における平均値を返す。数値はセル範囲でも指定できる。

MAX _{マックス}関数　★★

Excel で、**最大値**を求めるための関数。「MAX（数値 1，[数値 2]，…）」という書式をとり、指定した数値群における最大値を返す。数値はセル範囲でも指定できる。

MIN _{ミン}関数　★★

Excel で、**最小値**を求めるための関数。「MIN（数値 1，[数値 2]，…）」という書式をとり、指定した数値群における最小値を返す。数値はセル範囲でも指定できる。

MEDIAN メジアン**関数　★★**

Excel で、**中央値**を求めるための関数。「MEDIAN（数値 1，［数値 2］，…）」という書式をとり、指定した数値群における中央値を返す。数値はセル範囲でも指定できる。

COUNTIF カウントイフ**関数　★★**

Excel で、データの個数を調べるための関数。「COUNTIF（範囲，検索条件）」という書式をとり、指定した範囲（セル範囲）の中で、検索条件に合致するセルの個数を返す。

IF イフ**関数　★**

Excel で、条件に応じて結果を切り替えるための関数。「IF（論理式，真の場合，偽の場合）」という書式をとり、論理式が成り立つ（真、TRUE）のときは「真の場合」に指定した内容、論理式が成り立たない（偽、FALSE）のときは「偽

の場合」に指定した内容を返す。

STDEV.P スタンダードビエーション・ピー**関数　★★**

Excel で、**標準偏差**を求めるための関数。「STDEV.P（数値 1，［数値 2］，…）」という書式をとり、指定した数値群を対象にした標準偏差の値を返す。数値はセル範囲でも指定できる。

VAR.P バリアンス・ピー**関数　★★**

Excel で、**分散**を求めるための関数。「VAR.P（数値 1，［数値 2］，…）」という書式をとり、指定した数値群を対象にした分散の値を返す。数値はセル範囲でも指定できる。

CORREL コリレーション**関数　★★**

Excel で、**相関係数**を求めるための関数。「CORREL（配列 1，配列 2）」という書式をとり、2 つの配列（変数の入力されたセル範囲）に含まれる値の相関係数を返す。

Column　現代社会で求められる「データサイエンス」

　情報社会において大量に蓄積されるデータを分析することで、問題を解決したり有用な知見を引き出したりする「データサイエンス」に注目が集まっている。ビジネスや研究の現場では、データサイエンスや AI（人工知能）技術を理解し、活用できる人材が強く求められている。

　政府もそのような人材の育成を目指して、すべての大学・高等専門学校生が初級レベルの数理・データサイエンス・AI を習得するという目標を掲げた。文部科学省なども「数理・データサイエンス・AI 教育プログラム認定制度（リテラシーレベル）」を開始して、大学などでのデータサイエンス・AI 教育を支援。データサイエンスや AI の授業を文系・理系を問わず必修化したり、「データサイエンス学部」を設立したりする大学も増えている。

　データサイエンティストならずとも、基本的な統計、データ分析の知識は、大学での研究や社会に出てからのビジネスに必須。情報 I で学ぶデータ活用の基礎は、大学受験のみならず、一生役立つ教養・スキルになる。

さくいん

■■■■■ さ　行 ■■■■■